# LES FÊTES DU MONDE ENTIER

Pam Robson

Adaptation française de Françoise Rose

DEUX COQS D'OR

**Directeur éditorial :**
Lionel Bender

**Directeur artistique :**
Ben White

**Éditeur :**
Clare Oliver

**Maquettistes :**
Michael Weintroub, MW Graphics

**Iconographes :**
Cathy Stastny et Lionel Bender

**Illustrateurs :**
Teri Gower, Pamela Hewetson et Mark Bergin

**Photos studio :**
Steve Gorton

Symboles religieux fournis par Article of Faith

**Directeur de publication :**
Edward Glover

**Fabrication :**
Richard Johnson

Nous remercions Gabriel Aymé
pour sa précieuse collaboration.

Publié pour la première fois en 2001
par Hodder Wayland, filiale de Hodder Children's Books, Angleterre,
sous le titre *How I celebrate*



Dépôt légal n°4717 – Mars 2001 – Édition 01
ISBN : 201392460.7

Loi n° 49-956 du 16 juillet 1949 sur les publications destinées à la jeunesse

Imprimé en Espagne
Artes Gràphicas Toledo S.A.U.
D.L. TO : 1759-2000

# SOMMAIRE

# D'UNE FÊTE À L'AUTRE

Le mot « fête » a plusieurs significations. Il peut s'agir d'une réjouissance familiale ou bien d'une célébration en l'honneur d'une personne, ou encore d'un événement historique qui a changé le monde. Il peut s'agir également d'une cérémonie religieuse. Chaque jour, on fête quelque chose, quelque part sur la Terre. Un jour de fête, c'est une occasion de se réunir en famille ou entre amis. Les fêtes religieuses sont le plus souvent des jours fériés, où l'on cesse toute activité pour mieux se consacrer à la prière et au souvenir.

**Grace**

Je m'appelle Grace. Je suis Américaine et je vis à New York. Je suis baptiste. Mes ancêtres venaient d'Afrique. Ma fête préférée, c'est la Saint-Sylvestre. Des milliers de gens se rassemblent à Times Square pour célébrer le Nouvel An.

**Yasmin**

Je m'appelle Yasmin. Ma famille vient d'Arabie Saoudite, au Moyen-Orient. Je viens d'avoir un petit frère. Quand il est né, mon père lui a murmuré à l'oreille des paroles du Coran, notre livre sacré. Quand il sera plus grand, je lui parlerai de ma fête préférée, l'Aid el Fitr.

**Hideo**

Je m'appelle Hideo, j'ai neuf ans et je vis au Japon. J'attends avec impatience Kodomo-no-hi. C'est un jour de fête pour tous les petits garçons. Ma sœur, elle, revêtira son plus beau *kimono* pour Hina Matsuri, la fête des petites filles.

**Lionel**

Je me prénomme Lionel. Je vis à Londres, mais certains membres de ma famille habitent en Israël. Nous sommes de religion juive. Le samedi, nous allons à la synagogue : c'est le jour du shabbat. À treize ans, je fêterai ma *bar mitzvah*, et je serai alors considéré comme un adulte.

En dehors des fêtes religieuses, il existe toutes sortes de célébrations familiales, de festivités locales ou même internationales. Elles sont parfois issues de très anciennes traditions. Certaines donnent lieu à des danses et des réjouissances bruyantes, d'autres au contraire se passent dans le calme et le recueillement. Elles peuvent se dérouler dans les foyers, les lieux de culte, ou encore dans les rues.

**Isabelle**

Je m'appelle Isabelle et je vis en France. J'ai presque neuf ans. Je suis chrétienne et je pratique la religion catholique. J'attends avec impatience ma Première Communion.
Ce jour-là, je porterai une belle robe blanche. En plus de mon anniversaire, je fête aussi la Sainte-Isabelle, le 22 février.

**Gita**

Je m'appelle Gita. Je vis en Angleterre, mais ma famille est originaire de l'Inde. Nous sommes hindous. Nos cérémonies religieuses portent le nom de *samskaras*.
Le mariage est appelé le treizième *samskara*. Je me réjouis à l'avance du mariage de ma sœur aînée.

**Sven**

Je me prénomme Sven et je vis en Suède, où les hivers sont très longs et froids. Je suis chrétien et appartiens à l'Église luthérienne. Ma fête préférée, c'est celle de Noël. Nous décorons la maison, et tout le monde échange des cadeaux et des cartes de vœux.

# D'UN CALENDRIER À L'AUTRE

Dans la plupart des pays, on utilise le calendrier grégorien (du nom du pape Grégoire XIII qui, au XVIe siècle, l'a instauré) qui compte les années à partir de la naissance du Christ, c'est-à-dire du début de l'ère chrétienne. Pour désigner les périodes qui ont précédé, on parlera par exemple du IIIe siècle avant notre ère, ou du IIIe siècle av. J.-C. Le calendrier grégorien est divisé en douze mois, de janvier à décembre. C'est un calendrier solaire, basé sur la révolution de la Terre autour du Soleil.

**Un mois lunaire correspond au temps que met la Lune à passer par ses différentes phases : nouvelle lune, premier quartier, pleine lune, dernier quartier.**

## Calendriers lunaires

Chaque religion mesure le temps de façon différente. Les hindous et les musulmans utilisent le calendrier lunaire fondé sur la révolution de la Lune autour de la Terre. Un mois lunaire dure 29,5 jours. C'est ainsi que, chez les musulmans, le Ramadan débute chaque année à une date différente. Le calendrier juif est à la fois solaire et lunaire, et la fête de Yom Kippour a lieu soit en septembre soit en octobre.

**Les enfants chrétiens confectionnent des friandises pour Noël.**

## Préparatifs de fête

Nous consultons le calendrier pour connaître les dates des fêtes. Les préparatifs sont toujours un plaisir : on achète cadeaux et cartes de vœux, on décore la maison. Parfois, on confectionne des plats spéciaux. Pour Divali, les hindous préparent de délicieuses confiseries. En France, on n'imagine pas Noël sans bûche de Noël. Au Japon et en Chine, les gâteaux de riz gluant sont un mets traditionnel.

## Fêtes de famille

Dans chaque famille, en plus des fêtes officielles inscrites sur le calendrier, on célèbre des événements particuliers : anniversaires de naissance ou de mariage, succès aux examens... Chacun attend avec impatience son propre anniversaire, mais aussi celui des amis et des proches. Les couples mariés fêtent chaque année leur anniversaire de mariage : au bout de 25 ans, les noces d'argent, au bout de 50 ans, les noces d'or.

**Ce couple fête ses noces de rubis après 40 ans de mariage.**

**Sur l'île de Bali, en Asie du Sud-Est, on fête la récolte en déposant devant les autels des pyramides de fruits et de fleurs, pour remercier les dieux.**

## Fêtes des Moissons

On peut mesurer le temps au passage des saisons. Au nord et au sud, elles sont au nombre de quatre : le printemps, l'été, l'automne et l'hiver.
Les agriculteurs comptent sur le soleil pour mûrir leurs récoltes, d'où l'origine du calendrier solaire. En automne, la cueillette des fruits donne lieu à des réjouissances particulières.

### Jours fériés

En France, en dehors de Noël et du jour de l'An, beaucoup de fêtes donnent lieu à des jours fériés :

1. **Pâques**
2. **Fête du Travail**
3. **Capitulation allemande du 8 mai 1945**
4. **Ascension**
5. **Pentecôte**
6. **Prise de la Bastille**
7. **Assomption**
8. **Toussaint**
9. **Armistice du 11 novembre 1918**

## Journal intime

Tenir ton journal te permettra d'enregistrer les petits et les grands événements de ta vie. Plus tard, en le relisant, tu revivras ces instants de bonheur. Les bons moments font les bons souvenirs si on les note sur le papier.

**Beaucoup de gens rédigent leur journal le soir, quand les événements de la journée sont encore frais dans leur mémoire.**

# UNE GRANDE FAMILLE

Dans les grandes villes, partout dans le monde, se côtoient des gens de culture et de religion différentes. Certains ont leurs propres coutumes, mais la plupart participe aux fêtes traditionnelles, même les non-croyants.

**Des noms compliqués**

Une même fête peut être désignée par des termes différents, et son nom peut souvent s'orthographier de plusieurs façons. Par exemple, les bouddhistes de Thaïlande célèbrent Vesakha, qui s'appelle Wesak pour les bouddhistes du Sri Lanka. Mentionnons aussi, entre autres :

**Dassehra, Dassera ou Dusshera**
**Divali ou Diwali**
**Asalha Perahara, Esala Perahara ou Kandy Perahara**

## Partager les réjouissances

Pour vivre en bonne harmonie, il faut respecter les coutumes des uns et des autres. Il existe de nombreuses différences entre les traditions culturelles et religieuses, mais aussi beaucoup de ressemblances. Dans le monde entier, l'échange de cadeaux et de cartes est un symbole d'unité. Le partage de la nourriture, dans les repas de fête, symbolise la communion, l'égalité. Certains mets ont une signification particulière : dans de nombreuses cultures, le riz est un symbole de fertilité.

**Pour Divali, les enfants hindous apportent des friandises à l'école, et les partagent avec leurs amis. Divali est la fête des lumières ; on la célèbre chaque hiver.**

## Décorations

Partout dans le monde, objets symboliques et amulettes sont utilisés lors des fêtes. En Grande-Bretagne, les mariées arboraient jadis des fers à cheval en argent en guise de porte-bonheur. La fleur d'oranger, elle, était un symbole de fertilité. Certains bijoux sont traditionnellement considérés comme bénéfiques. En Chine, les perles sculptées dans des noyaux de pêche sont censées protéger du mal. Les bébés chinois portent un fil rouge garni de clochettes ou de pièces pour chasser les mauvais esprits.

**Les perles ont une signification symbolique pour les Masais du Kenya et les Ndebele d'Afrique du Sud.**

## Vêtements

Certaines fêtes requièrent des tenues spéciales. Dans les mariages hindous, sikhs ou musulmans, la robe de la mariée est rouge et or. Le rouge porte bonheur, surtout en Chine. Les mariées juives et chrétiennes sont en blanc, symbole de pureté. En Afrique du Sud, les mariées ndebele couvrent leur robe de perles blanches. Mais en Inde et au Japon, le blanc est la couleur du deuil.

### Points communs

Dans presque toutes les religions, il existe une fête de la lumière, car le feu et la lumière sont des symboles d'espoir. Aujourd'hui, en Europe, la plupart des gens envoient des cartes de Noël à leurs amis, même s'ils ne sont pas chrétiens. Et quand les hindous célèbrent Divali, ils invitent tous leurs voisins. Partout, les fêtes permettent un rapprochement entre les diverses communautés. Les vieilles traditions se meurent, mais de nouvelles les remplacent.

**Dans les grandes occasions, on porte des tenues de cérémonie.**

**De nombreux objets sont associés aux fêtes. Ainsi, divers symboles et représentations de dieux sont utilisés lors des célébrations religieuses. Et des bougies, des cartes de vœux et toutes sortes d'instruments de musique apparaissent fréquemment lors de festivités.**

# LA NAISSANCE

78 millions de bébés naissent chaque année dans le monde. Ils entament le voyage de la vie – un voyage que les hindous considèrent comme un cycle, une succession d'étapes appelées *samskaras*. Pour d'autres, c'est un trajet simple vers un but précis. Les étapes principales sont marquées par des cérémonies.

### L'Alliance entre Allah et Ibrahim

Allah, le Dieu des musulmans, demanda à Ibrahim de sacrifier son fils. Il voulait ainsi mettre la foi d'Ibrahim à l'épreuve. Ibrahim accepta, mais Allah épargna le garçon. Les musulmans voient en Ibrahim un prophète – de même que les chrétiens et les juifs, qui l'appellent Abraham. Il vivait vers 2000 av. J.-C.

**Ibrahim s'apprête à sacrifier son fils.**

### L'histoire de Yasmin

Je suis musulmane. Je me rappelle que mon père a murmuré les paroles de l'*Adhan*, notre prière quotidienne, à l'oreille de mon frère nouveau-né. Pendant l'Aïd el Kébir, ou fête du Sacrifice, nous honorons Ibrahim en sacrifiant un mouton.

### Rites musulmans

À sept jours, le bébé musulman reçoit un prénom, lors d'une cérémonie appelée *Aqiqah*. Il s'agit souvent d'un des 99 noms d'Allah auquel on ajoute le préfixe Abd. Par exemple, Abdullah signifie « serviteur de Dieu ». On rase la tête du bébé. Chez les petits garçons, on pratique également la circoncision – l'ablation du prépuce.

**Cérémonie de la *Aqiqah*.**

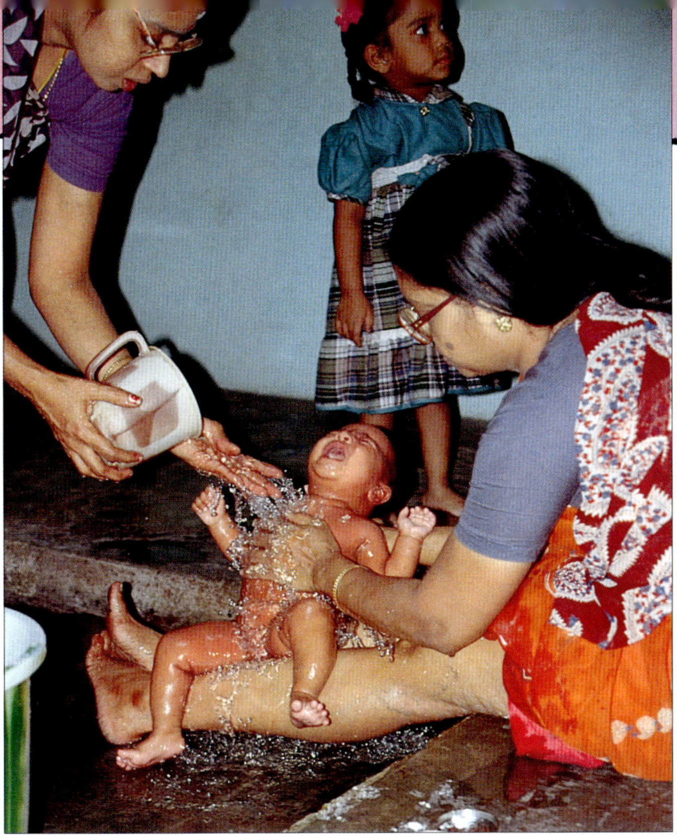

Pour accueillir le nouveau-né, chez les hindous, on lave le bébé, puis on trace sur sa langue le symbole *Aum* au moyen d'un stylet d'or trempé dans du miel.

## Rites bouddhistes

Chez les bouddhistes de Thaïlande, quand un bébé naît, on place le cordon ombilical dans un pot d'argile et on l'enterre sous un arbre. Dans son berceau, on dépose des objets symboliques : livres et outils pour un garçon, fil et aiguilles pour une fille. On coupe les cheveux du bébé quand il a un mois. On lui passe des fils sacrés au poignet. On demande parfois aux moines de lui donner un nom.

## Rites hindous

Chez les hindous, la naissance constitue la quatrième étape ou *samskara* (les trois premières se déroulent avant la naissance). On lave le nouveau-né et l'on écrit sur la langue le symbole *Aum*. À douze jours, le bébé reçoit un nom. On établit d'abord son horoscope, pour connaître son avenir. Un garçon s'appellera par exemple Vjaya, ou Victoire, une fille Kumari, ou Princesse.

## Rites juifs

Les petits garçons sont circoncis à huit jours. Cette cérémonie, appelée *Berith mila*, symbolise l'alliance d'Abraham avec Dieu. La mère n'y assiste pas. C'est un homme de la famille, le *sandek*, qui tient le bébé. Puis on donne une goutte de vin à l'enfant, et la famille se réunit autour d'un repas spécial.

Cérémonie du *Berith mila*.

La syllabe sacrée *Aum* signifie : tout ce qui était, est et sera. Les hindous la répètent durant leurs prières.

# Cérémonies

Ton prénom – que les chrétiens appellent aussi « nom de baptême » – permet d'établir ton identité. Les parents catholiques peuvent donner plusieurs prénoms à leurs enfants : par exemple, celui que porte un membre de la famille. Beaucoup de prénoms ont une signification particulière.

**Les petits Chinois reçoivent leur nom définitif à sept ans.**

## Rites chinois

En Chine, durant le premier mois qui suit la naissance d'un enfant, les amis de la famille offrent à la jeune accouchée des œufs rouges porte-bonheur. On ne donne un nom au bébé qu'un mois après sa naissance. Mais ce n'est encore qu'un surnom, afin de ne pas éveiller la jalousie des mauvais esprits. C'est seulement à sept ans que l'enfant recevra son vrai nom.

**Les douze signes de l'horoscope chinois : Serpent, Cheval, Bélier, Singe, Coq, Chien, Cochon, Rat, Bœuf, Tigre, Lièvre et Dragon.**

## Horoscope chinois

En Chine, on établit l'horoscope du bébé dès sa naissance. À chaque année, selon un cycle qui se répète tous les douze ans, correspond un signe particulier, représenté par un animal. 1999 était l'année du Lièvre ; un enfant né sous ce signe sera calme, imaginatif et généreux. 2000 était l'année du Dragon, qui symbolise la force, l'énergie.

## Le baptême chrétien

Les bébés chrétiens reçoivent leur prénom lors de la cérémonie du baptême, qui a lieu devant les fonts baptismaux. Le prêtre accueille l'enfant au sein de l'Église, et verse de l'eau bénite, symbole de purification, sur son front avant de tracer un signe de croix. Les parrains du bébé s'engagent à lui enseigner la foi chrétienne. Ils allument des cierges pour symboliser la lumière de Dieu éclairant le monde.

**Chez les catholiques, l'enfant reçoit son nom lors du baptême. On choisit généralement le prénom d'un saint.**

## Coutumes africaines

En Afrique, les coutumes varient d'un pays à l'autre. En Afrique du Nord et de l'Ouest, on observe généralement le rite musulman. Les bébés yoruba du Nigeria reçoivent leur nom à l'âge de huit jours. Au Ghana, le choix du prénom dépend du jour où est né le bébé. S'il est né un mercredi, il s'appellera Ekua (mercredi dans la langue locale). S'il est né un vendredi, on le prénommera Kofi.

**Une maman et son petit garçon, au Nigeria. Beaucoup de Nigérians observent les rites islamiques.**

### Les noms africains

En Afrique du Sud, les noms donnés par les parents ndebele ont des significations bien particulières.
Par exemple, Thandi est un nom courant qui veut dire « espoir » en Ndebele. Au Cameroun, les jeunes garçons dowayo reçoivent un nouveau nom après avoir été circoncis.

## Chez les Kayapo

Dans la forêt amazonienne, en Amérique du Sud, les petits garçons reçoivent leur nom (généralement celui d'un ancêtre) lors de cérémonies qui durent plusieurs semaines. Les enfants portent des ornements et des coiffures très élaborés. Leur corps est orné de plumes de perroquet et leur visage de coquille d'œuf broyée.

### Poupées fétiches

Au Guatemala, en Amérique centrale, les enfants fabriquent des poupées qu'ils placent sous leur oreiller pour leur confier leurs chagrins. Ils croient que les poupées feront disparaître leurs soucis durant la nuit.

1. **Peins un visage, des cheveux et des pieds sur une épingle à linge en bois.**
2. **Utilise des bâtonnets d'esquimaux coupés en deux pour faire les bras.**
3. **Enroule des brins de laine autour de l'épingle, puis en travers des bras pour faire une cape.**

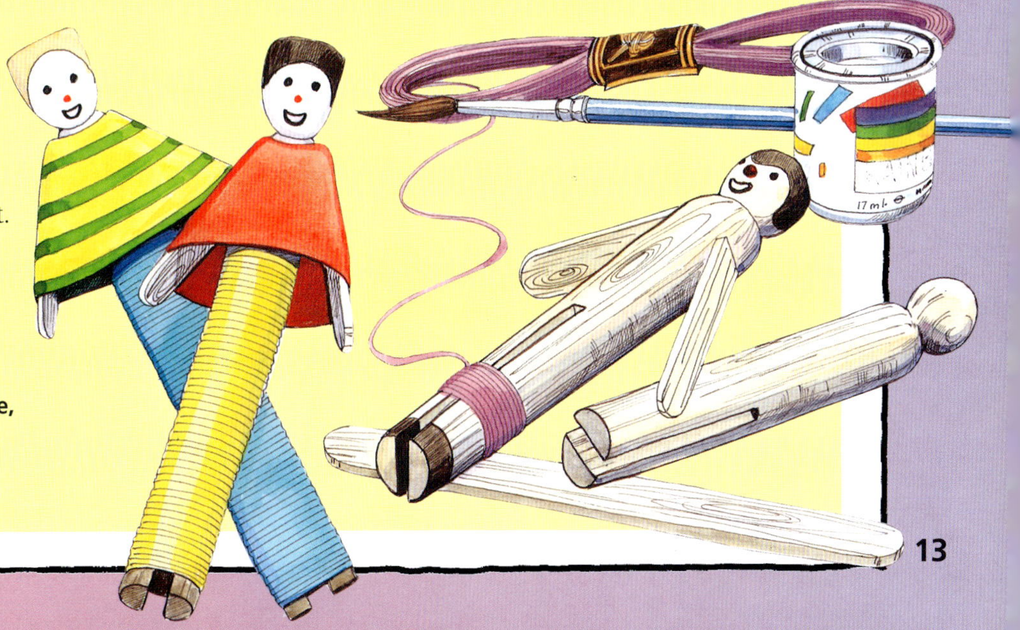

# Grandir

Les anniversaires marquent les tournants de notre vie. En Europe, à dix-huit ans, les jeunes gens deviennent officiellement majeurs. Ils peuvent voter et se marier. Mais dans beaucoup d'autres sociétés, on observe des rites de passage à l'âge adulte.

### L'histoire de Lionel

J'ai hâte d'avoir treize ans. Pour les garçons juifs, c'est un grand événement. Je célébrerai ma *bar mitzvah* à la synagogue. C'est la cérémonie de passage à l'âge adulte. Ma sœur, qui aura bientôt douze ans, deviendra *bat mitzvah* (« Fille du Commandement ») dès cette année.

### Fête d'anniversaire

Avant le jour J, on envoie les invitations et l'on s'occupe de la décoration. Pendant la fête, on s'amuse à toutes sortes de jeux et l'on se régale de friandises. Tandis que les invités entonnent *Joyeux Anniversaire*, leur hôte souffle les bougies de son gâteau, puis il ouvre ses cadeaux. En Grèce, les enfants offrent aussi des gâteaux à leurs amis lors de la fête de leur saint patron.

### Bar mitzvah

La cérémonie se déroule à la synagogue lors du premier shabbat qui suit le treizième anniversaire. Le jeune garçon a au préalable suivi deux ans d'enseignement religieux. Pendant la cérémonie, il lit un passage de la Torah, la Loi juive. On lui donne un châle de prière, le *tallit*, fait de laine ou de soie. Après la cérémonie, il y a une fête, et il reçoit de nombreux cadeaux.

Pas de fête réussie sans ballons !

Je lis la Torah lors de ma *bar mitzvah*.

## Initiation chrétienne

Les enfants catholiques sont éveillés à la foi dès l'âge de quatre ans puis, à partir de sept ans, ils suivent des cours de catéchisme une fois par semaine. Vers l'âge de huit ans, ils reçoivent le sacrement de l'Eucharistie en faisant leur Première Communion. Quelques années plus tard, lors de leur Profession de Foi, ils réaffirment les vœux de baptême. À partir de seize ans, ils peuvent demander de recevoir le sacrement de Confirmation qui les engage à devenir témoin de l'Église.

**Au moment de la communion, le prêtre donne l'hostie qui représente le corps du Christ.**

**Ce jeune hindou porte une guirlande de fleurs orange pour la cérémonie du fil sacré.**

## La Cène

La Communion est également appelée Eucharistie, acte central de la messe. Elle commémore le dernier repas que Jésus prit avec ses disciples, les Apôtres, durant la fête juive de Pessah (Pâque). En s'asseyant à la table, Jésus savait qu'il allait bientôt mourir. Au cours de cette Cène, il partagea entre ses Apôtres du pain non levé, ou pain azyme, en disant : « Ceci est mon corps. » Puis il leur versa du vin, en disant : « Ceci est mon sang. » Pour les catholiques, le pain et le vin de l'Eucharistie sont le corps et le sang du Christ.

## Rite du fil sacré

Pour les garçons hindous, la dixième *samskara* est une étape importante. C'est l'*Upanayana*, ou cérémonie du fil sacré. On accroche à l'épaule du garçon un fil à trois ou cinq brins, symbolisant ses dettes envers Dieu et envers ses aînés. Les brins sont attachés par un nœud spirituel, le *brahma granthi*. Puis le garçon reçoit un bâton de disciple : il est prêt à recevoir l'enseignement hindouiste. Enfin il prend un bain rituel, marquant son nouveau départ dans la vie.

# Tenue de fête

Les jeunes sont impatients d'entrer dans le monde des adultes. Les rites d'initiation varient d'une culture à l'autre, mais, à cette occasion, les jeunes gens portent souvent une tenue spéciale.

### Baisakhi (avril)

Le sikhisme est l'une des quatre grandes religions de l'Inde. Les enfants sikhs de plus de quatorze ans rejoignent généralement la *khalsa*, la communauté sikh lors de la fête de Baisakhi. Chacun d'eux doit porter les cinq k, symboles de leur foi : *kesh* (cheveux non coupés), *kangha* (peigne), *kirpan* (poignard), *kacha* (pantalon court), *kara* (bracelet). Ils boivent de l'eau sucrée, l'*amrit*. Pour montrer leur appartenance à une même communauté, les garçons ajoutent à leur nom le surnom de Singh (lion), les filles celui de Kaur (princesse).

### Enrouler un turban

Pour obéir à la coutume, les sikhs ne doivent jamais se couper les cheveux. Les filles portent des tresses ou un foulard appelé *chunni*. Les garçons enroulent autour de leur tête une longue bande d'étoffe, ou turban.

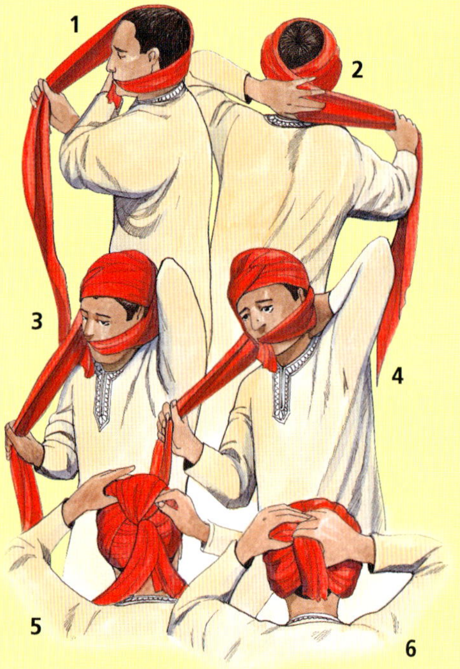


1. Maintenir les cheveux au moyen du kangha, le peigne. Coincer entre les dents une extrémité du turban.
2, 3, 4. Enrouler étroitement la bande d'étoffe autour du crâne.
5. Rentrer l'extrémité libre sous le haut du turban.
6. Enfin, rentrer celle que l'on tenait entre les dents.

Cette fillette porte son plus beau *kimono* pour Shichi-go-san, au temple de Meji Jingu à Tokyo.

### Shichi-go-san (15 novembre)

Le 15 novembre, certaines familles japonaises célèbrent Shichi-go-san, ou Sept-Cinq-Trois. On fête les fillettes de trois ou sept ans, et les garçons de cinq ans. Les enfants revêtent leurs plus beaux habits pour aller au temple shinto avec leurs parents. Ils prient les dieux de leur accorder la santé. Le prêtre les bénit et leur donne une sucrerie, symbole de longue vie.

## Rites africains

La plupart des peuples africains pratiquent des cérémonies d'initiation au cours desquelles les garçons sont généralement circoncis. Dans le Nord du Cameroun, les jeunes dowayo s'habillent de peaux de bêtes et passent plusieurs semaines dans la brousse avant la cérémonie. Ensuite, ils pourront porter l'étui pénien traditionnel. L'initiation est considérée comme une nouvelle naissance, et ils reçoivent donc un nouveau nom. On trouve des rites similaires en Océanie, chez les Papous.

**En Papouasie-Nouvelle-Guinée, les enfants arborent des peintures faciales et des parures de perles lors des cérémonies.**

## Moines bouddhistes

En Thaïlande, les jeunes garçons peuvent passer quelques mois dans un monastère pour s'instruire sur leur religion. Avant la cérémonie, on leur rase la tête et on les habille de blanc. Puis des danseurs les emmènent au monastère, où ils prononcent leurs vœux. Ils revêtent ensuite leur robe de novice (apprenti moine), et offrent des fleurs aux autres moines.

## Premier jour d'école

Le premier jour dans une nouvelle école est toujours un événement. En Russie, le jour de la rentrée, les nouveaux élèves apportent d'énormes bouquets à leurs professeurs. En Allemagne, les parents donnent aux enfants un grand cornet de papier rempli de friandises.

**Le novice a le crâne rasé et porte une robe jaune, orange ou rouge. Il aide les moines dans leurs tâches quotidiennes.**

**En Angleterre, ces enfants étrennent fièrement leurs nouveaux uniformes, le jour de la rentrée.**

# LE MARIAGE

Le jeune couple échange des promesses durant la cérémonie du mariage, avant d'être officiellement uni. Autrefois, les couples royaux aztèques se juraient fidélité en partageant une tasse de chocolat. Au Japon, les shintoïstes évoquent un dieu et une déesse descendus des cieux pour se marier.

### Rama et Sita

Le prince Rama était une réincarnation du dieu Vishnou. Lui et sa femme Sita vécurent seuls pendant quatorze ans. Puis Sita fut enlevée par Ravana, le démon à dix têtes. Le dieu-singe Hanuman aida Rama à libérer Sita. Mais celle-ci fut injustement accusée d'avoir trahi Rama, et fut en conséquence bannie. Elle donna naissance à des jumeaux, et finit par retrouver Rama.

### L'histoire de Gita

Ma sœur se marie. Le mariage a été arrangé entre mes parents et ceux du marié. Tout le monde s'affaire aux préparatifs. La cérémonie se déroulera au temple. Cela me fait penser à l'histoire de Rama et de Sita, que l'on raconte souvent pendant les fêtes de Divali.

### Mariage hindou

Les mains et les pieds de la mariée sont peints au henné. Elle porte un sari de noces rouge et or, et des bijoux d'or. Sur son front, on place un grain de riz. Le couple, lié par un fil blanc, tourne trois fois autour d'un feu sacré et accomplit le « rite des sept pas » au cours duquel les époux formulent un vœu à chaque pas. On dit des prières et les mariés échangent des guirlandes.

## Mariage en plein air

Dans les pays ensoleillés, la cérémonie peut se dérouler en plein air. En Australie, elle a souvent lieu dans le jardin. Dans la religion juive, la célébration du mariage peut avoir lieu dans une synagogue, mais se tient également très souvent en plein air. Le couple se tient sous un *chuppah*, un dais décoré de fleurs qui symbolise le nouveau foyer fondé par les mariés.

**Garde d'honneur pour un soldat et son épouse.**

## Dot

Traditionnellement, la dot est le bien que l'épouse apporte à son mari. Aujourd'hui, en Inde comme en Occident, cela signifie généralement que les parents de la mariée paient les frais de la cérémonie. Les époux musulmans donnent à la famille de la mariée un présent appelé *nikah*. En Papouasie-Nouvelle-Guinée, les dots permettent de maintenir la paix entre les communautés. Jadis, on offrait des porcs et des coquillages ; aujourd'hui, de la viande, ou des ustensiles de cuisine.

**Lors d'un mariage juif, le couple se tient sous un *chuppah*, un dais nuptial.**

**Dans les mariages hindous, sikhs et musulmans, les mariés portent des guirlandes et des vêtements colorés.**

## Mariage juif

Autrefois, les mariages étaient arrangés par un *shadkan*, un marieur. La mariée est vêtue de blanc et la cérémonie a généralement lieu un dimanche. Les mariés boivent un peu de vin tandis que le rabbin les bénit. L'homme passe un anneau d'or au doigt de la femme, puis le rabbin prononce sept autres bénédictions. Enfin le marié écrase un verre sous son pied pour rappeler la destruction du Temple de Jérusalem.

# En grande tenue

Les mariages sont une occasion de revêtir des tenues de fête. Lors d'un mariage chrétien ou juif traditionnel, les mariés sont souvent entourés de petits garçons et petites filles habillés en enfants d'honneur. La mariée est généralement en blanc, alors qu'en Asie, on préfère les tenues plus colorées.

### Mariage chrétien

La cérémonie religieuse du mariage se déroule généralement un samedi. Le couple se jure assistance et fidélité devant le prêtre puis échange des alliances. La mariée porte une robe blanche à traîne et un voile, et tient un bouquet. Avant de quitter l'église, le couple signe le registre des mariages. Dehors, les invités leur jettent du riz ou des confetti. Après la fête, les jeunes mariés partent souvent en voyage pour leur lune de miel.

### Mariage musulman

Avant le mariage, les familles échangent des bijoux et des étoffes. La cérémonie peut avoir lieu à la mosquée ou à la maison. La mariée porte un pantalon *(shalwar)* et une tunique *(khameez)*. La mariée doit dire oui à trois reprises, puis le marié signe le contrat. C'est la famille de l'épousée qui offre le festin de noces.

### L'anneau au doigt

La bague de fiançailles symbolise la promesse de mariage. Les alliances échangées lors de la cérémonie sont symboles de fidélité et d'éternité.

## Mariage grec orthodoxe

À l'église, les mariés portent des couronnes reliées par des rubans rouges. Le festin qui suit la cérémonie est très gai et animé. Les jeunes mariés dansent ensemble, attachés par un foulard blanc. Les invités épinglent des billets de banque sur leurs habits, pour les aider à fonder un foyer.

## Perles zoulous

Les jeunes filles zoulous envoient des lettres d'amour aux garçons sous forme de perles colorées. Les perles blanches signifient pureté et sincérité. Les rouges symbolisent l'amour, les jaunes, le foyer, les vertes, le bonheur dans le mariage, les bleues, la fidélité. Les « lettres » sont composées de pendants colorés accrochés à un bandeau de perles blanches.

**Ce couple japonais et leurs proches posent devant l'entrée du temple pour la photo de mariage.**

### Repas de noces

La cérémonie de mariage est suivie d'un festin. La réception ou le banquet, quel que soit le nom qu'on lui donne, revêt toujours la même signification. La famille et les amis des mariés partagent un repas en signe d'unité et d'égalité. En Birmanie, les époux bouddhistes mangent dans le même bol d'argent, pour montrer que désormais ils partageront tout. Dans les pays occidentaux, le clou du festin est généralement une pièce montée. Parfois, on distribue des dragées roses, blanches ou argentées pour symboliser les douceurs de la vie conjugale. Les jeunes couples sikhs se rendent d'abord dans la maison de la mariée, puis dans celle du marié ; dans chacune d'elles, ils reçoivent des sucreries symboliques.

**Les ornements de perles indiquent si une femme ndebele est mariée ou non.**

## Coutumes africaines

La future mariée ndebele revêt une cape en peau de mouton *(linaga)* ornée de perles blanches, un tablier *(jocolo)* et deux longues bandes de perles blanches *(nyoga)*. Elle porte un bâton de mariage, une poupée de fertilité, une calebasse et de petits paniers. Pendant la cérémonie, elle est cachée sous une couverture. La femme mariée porte un tablier différent, appelé *mapoto*. Les femmes masai, une fois mariées, arborent quantité de colliers.

# TRADITIONS

Tous les pays ont leur fête nationale. Certains célèbrent l'anniversaire de leur indépendance, le jour où ils sont devenus une nation autonome. Cette date est souvent marquée par un jour férié.

### Fête du Cerf-volant

Les cerfs-volants furent inventés en Chine, il y a trois mille ans. Ils étaient en papier et avaient la forme d'oiseaux, de poissons ou d'insectes. Le neuvième jour du neuvième mois se tient la fête du Cerf-volant, ou fête de Celui-qui-grimpe-haut, en référence à un personnage de légende qui gagna les hauteurs pour échapper à un désastre.

### L'histoire de Hideo

Au Japon, la fête du Cerf-volant a lieu le jour de Kodomo-no-hi, la fête des petits garçons. J'aime regarder les cerfs-volants monter dans le ciel, et voir les adultes se jouer des tours et s'affronter dans de véritables combats aériens ! Nos cerfs-volants sont en forme de carpe, un poisson qui nage contre le courant et symbolise la lutte pour la vie.

### Kodomo-no-hi

Le 5 mai est un jour particulier pour tous les jeunes garçons. Ils jouent avec des figurines de guerriers, ou *samouraïs*, symbolisant la force. Ils prennent un bain de feuilles d'iris puis revêtent le costume traditionnel, ou *hakama*, et se régalent de gâteaux de riz.

## Hina Matsuri (3 mars)

Les Japonaises ont toutes une collection de poupées qu'elles donnent à leur époux le jour de leur mariage. Le 3 mars, les jeunes filles revêtent le *kimono* traditionnel qui les fait ressembler à leurs poupées. C'est la fête des filles, ou Hina Matsuri. Lors d'une cérémonie au temple shinto, on chasse symboliquement le mauvais sort en entassant des poupées sur de petits bateaux que l'on porte ensuite en procession jusqu'à la mer en chantant des prières. Ce jour-là, on déguste des friandises, entre autres des gâteaux de riz roses.

***Hina* signifie « petite poupée » en japonais. Les poupées sont exposées sur des étagères drapées de tissu rouge.**

**Le 1er avril, les petits Français accrochent des poissons de papier dans le dos de leurs amis.**

## Thanksgiving (novembre)

Le quatrième jeudi de novembre, les Américains célèbrent le jour d'Action de Grâce. Ils s'attablent devant une dinde rôtie et une tarte au potiron pour commémorer la première récolte effectuée par les colons anglais en 1621, un an après leur débarquement sur les côtes de la Nouvelle Angleterre. Les « Pères Pèlerins » partagèrent alors leur repas avec les Indiens, pour les remercier de leur avoir appris à capturer des dindons sauvages et à cultiver maïs, patates douces, potirons et airelles.

**Cette famille remercie Dieu pour ce repas de Thanksgiving.**

## Poisson d'avril

Le 1er avril est un jour traditionnellement consacré aux farces. Par exemple, sur une chaîne de télévision italienne, on put voir une fois ce jour-là un reportage sur la récolte des spaghettis ! Bien sûr, les spaghettis ne poussent pas sur les arbres, mais on raconte que certaines personnes s'y laissèrent prendre. En France, on fait des « poissons d'avril » et l'on essaie d'épingler des poissons de papier dans le dos des gens sans qu'ils s'en aperçoivent.

# Joie d'offrir

Tout le monde aime recevoir des cadeaux le jour de son anniversaire. Mais il y a bien d'autres occasions de témoigner notre affection à nos proches, parents ou amis. Certaines de ces coutumes remontent très loin dans le passé.

À la Saint-Valentin, on offre des cartes ornées de cœurs rouges, en signe d'amour.

## Fête des Mères

Jadis, en Angleterre, les chrétiens visitaient leur église « mère » une fois l'an, le quatrième dimanche de Carême. Depuis, ce jour est devenu celui de la fête des Mères, où les enfants offrent à leur maman des cartes et des fleurs. En France, cette fête, qui n'est pas d'origine religieuse mais qui fut proclamée fête nationale en 1941, est célébrée le dernier dimanche de mai.

## La Saint-Valentin (14 février)

Le jour de la Saint-Valentin, les amoureux échangent des cadeaux et des cartes. Cette coutume est surtout répandue dans les pays anglo-saxons. Elle n'a rien à voir avec le saint martyr dont elle porte le nom. Si on la célèbre à cette date, c'est peut-être en l'honneur de Junon, déesse romaine de la fécondité dont un des surnoms était *februala* (celle qui purifie), et que l'on fêtait en février. Ou simplement parce que février marque l'approche du printemps, la saison des amours.

**Les jeux d'adresse ou de réflexion tels que les billes, les échecs ou les dames chinoises sont des cadeaux appréciés des enfants.**

## Marque sacrée *(tilak)*

Avant de passer le *rakhi* au poignet de son frère, la sœur le bénit et place sur son front une marque sacrée, ou *tilak*, à l'aide d'une pâte rouge sur laquelle elle pose un grain de riz, symbole de succès.

## Raksha bandhan (août)

Pour les hindous, *Raksha bandhan* signifie « lien de protection », en référence au bracelet porte-bonheur offert au dieu Indra par son épouse pour le protéger dans les batailles. Ce jour-là, frères et sœurs se témoignent mutuellement leur affection lors d'une cérémonie appelée *puja* : la sœur fait une marque sur le front de son frère puis lui noue au poignet un bracelet, ou *rakhi*. Son frère lui offre un cadeau et ils se partagent des friandises.

**La fillette noue le *rakhi* au poignet de son frère, qui lui promet alors de la protéger.**

## Fabriquer un *rakhi*

Ce bracelet porte-bonheur est généralement en soie ou en coton, mais tu peux en confectionner un avec du papier.

1. **Décore une large bande de papier de motifs rouges ou dorés.**
2. **Fais deux petites tresses avec des fils rouges et dorés.**
3. **Fixe ces tresses à chaque extrémité de la bande de papier.**
4. **Noue le *rakhi* autour de ton poignet.**

# Feux et lumières

Feux de joie, feux d'artifice, lampions et chandelles illuminent les jours de fête. Depuis des millénaires, les Chinois recourent aux feux d'artifice pour chasser les démons. Les flammes sont un symbole de purification, de renaissance. Certaines fêtes tirent leur origine d'anciens rites païens où l'on adorait le dieu Soleil et la déesse Lune.

Les *fiestas* de Valence sont hautes en couleur.

### Halloween (31 octobre)

Cette fête est issue de Samhain, le Nouvel An celtique, où l'on allumait des feux de joie pour repousser fantômes et sorcières. De nos jours, pour les chrétiens, le 1er novembre est la Toussaint, ou fête de tous les saints, veille du jour des morts. Dans les pays anglo-saxons, le 31 octobre, les enfants célèbrent Halloween en se déguisant et en allant de maison en maison réclamer des bonbons. Des citrouilles évidées et décorées font office de lampions.

### Las Fallas (17-19 mars)

En Espagne, à Valence, *Las Fallas*, ou fêtes en l'honneur de saint Joseph, durent une semaine entière. Défilés et feux d'artifice se succèdent presque sans interruption. On fabrique des effigies géantes en papier mâché que l'on remplit de pétards avant de les brûler.

Têtes de sorcières peintes sur des citrouilles.

La lueur de la chandelle est censée écarter les mauvais esprits.

## Hola Mohalla (mars)

Les sikhs célèbrent Hola Mohalla à la date où les hindous fêtent Holi pour marquer l'arrivée du printemps, en s'aspergeant mutuellement d'eau colorée, ou *gulal*. La première Hola Mohalla eut lieu à Anandpur, quand le dixième gourou, à la fin du XVIIe siècle, organisa de fausses batailles pour démontrer la valeur de ses troupes. Aujourd'hui, lors d'une fête durant plusieurs jours, les sikhs allument des feux de joie et se livrent à des compétitions sportives. Le dernier jour, ils se rendent au temple, ou *gurdwara*, puis partagent la nourriture sacrée, ou *karah parshad*.

**Les sikhs allument des feux de joie pour Hola Mohalla.**

## Holi (mars)

En Inde du Nord, cette fête qui dure deux jours célèbre l'arrivée du printemps. Elle tire son nom du démon Holika, qui essaya de brûler son fils Prahlad – un disciple de Vishnou – mais fut brûlé lui-même. Le premier jour, les gens s'amusent à s'asperger de poudre ou d'eau colorée. Le deuxième, on allume des feux de joie pour chasser les démons, puis on se réunit autour d'un festin.

**Les hindous s'arrosent d'eau colorée le jour de Holi, la fête du printemps.**

**Pour Trung Thu, les enfants portent des masques d'animaux.**

## Trung Thu (automne)

Au Vietnam, la fête de la Lune a lieu le quinzième jour du huitième mois lunaire, lors de la pleine lune. Le soir, les enfants défilent en portant des masques et des lanternes en forme d'étoile, à l'intérieur desquelles brûle une bougie.

# Fêtes en plein air

Les fêtes donnent parfois lieu à des activités de plein air : courses nautiques, défilés, bals... Certaines, comme la fête chinoise des Bateaux-Dragons, tirent leur origine de légendes anciennes. D'autres, comme le carnaval de Notting Hill Gate illustrant le mélange des cultures, n'ont vu le jour que récemment. Mais elles ont toutes un point commun : mettre de la joie dans les rues.

## Duan Yang (juin)

La fête chinoise des Bateaux-Dragons commémore l'histoire de Qu Yuan, un poète qui vivait il y a 2500 ans. Il voulait sauver les pauvres, mais n'y parvenant pas, il se noya. Des pêcheurs voulurent le secourir dans leur bateau-dragon, mais en vain. Ils jetèrent alors des boulettes de riz dans l'eau pour empêcher dragons et démons de dévorer le corps du poète.
Depuis, on perpétue la tradition en mangeant des boulettes de riz lors de la fête de Duan Yang.

**Pour la fête de Duan Yang, des bateaux rouge et or à la proue ornée d'une tête de dragon, disputent une course au rythme des tambours. Le soir, la flotte défile à la lueur des lanternes.**

## 1^er^ mai

Chez les Celtes d'Irlande et d'Écosse, la fête de Beltane, en mai, marquait le retour du soleil et le début de l'été. Ils décoraient les arbres et allumaient des feux de joie. Les Romains célébraient Flore, divinité du printemps, en ornant les arbres de fleurs. Au Moyen Âge, on dansait autour de l'arbre de mai et l'on caracolait sur des chevaux de bois.
En France, aujourd'hui encore, on offre des brins de muguet le 1^er^ mai.

**Les jeunes gens dansent autour de l'arbre de mai orné de rubans.**

## Fête des cerisiers en fleur (avril)

La première semaine d'avril, les cerisiers fleurissent partout au Japon. Dans chaque région, on célèbre une fête pour l'apparition des fleurs, symbole d'espoir et de renouveau. Les plus beaux cerisiers se trouvent près des temples shinto et des montagnes sacrées. Les Japonais viennent y pique-niquer en famille et boire de l'alcool de riz.

Bretonnes en coiffe de dentelle traditionnelle.

On pique-nique en famille pour fêter les cerisiers en fleur.

## Fête des coiffes de Pont-l'Abbé (juin)

Jadis, les Bretonnes du Sud-Ouest du Finistère portaient de hautes coiffes de dentelle appelées bigouden. Elles s'habillaient ainsi notamment lors des pardons, fêtes religieuses et profanes à la fois. On peut encore voir ces coiffes bigouden, par exemple à Pont-l'Abbé, même si elles se font de plus en plus rares.

## Carnaval de Notting Hill

Au mois d'août, pendant tout un week-end, les rues de Notting Hill, à Londres, vibrent au rythme du calypso, une musique jamaïcaine. Le carnaval a vu le jour en 1966, à l'initiative d'immigrés venus de la Trinité. Aussi colorée que les carnavals célébrés dans les Antilles à l'occasion du Mardi gras, cette manifestation est vite devenue très populaire. Danseurs costumés et chars défilent dans les rues au son du *steel band*.
Les enfants sont de la fête, dans des déguisements chamarrés.

Le carnaval de Notting Hill : une fête qui fait du bruit !

# Cérémonies

Le souvenir des faits historiques se perpétue grâce aux cérémonies commémoratives, mais aussi aux histoires que les anciens transmettent aux jeunes générations. Beaucoup de ces fêtes ont une origine très ancienne : la cérémonie d'ouverture des Jeux olympiques remonte à la Grèce antique, et la fête italienne du Palio existe depuis le Moyen Âge.

## Fête de l'Indépendance (4 juillet)

Après des années de conflit, les colons américains se révoltèrent contre l'autorité britannique. Le 4 juillet 1776, ils proclamèrent l'indépendance des États-Unis, et, au terme d'une guerre qui dura sept ans, finirent par s'affranchir de la Grande-Bretagne. Le 4 juillet est devenu un jour de fête nationale, qu'on célèbre par des défilés, des cortèges, des feux d'artifice, des salves d'honneur, et, bien sûr, des bals et des pique-niques.

**Ces jeunes Américains brandissent le drapeau national pour la fête de l'Indépendance.**

## Les Jeux olympiques

Les premiers Jeux se déroulèrent en Grèce, il y a plus de 2500 ans, en l'honneur du dieu Zeus. De nos jours, cette compétition internationale a lieu tous les quatre ans, et à chaque fois dans une ville différente : en 2000, cet honneur revint à Sydney, en Australie. Lors de la cérémonie d'ouverture, toujours spectaculaire, les athlètes défilent derrière leurs drapeaux respectifs.

**La flamme olympique est apportée de Grèce pour allumer le flambeau géant du stade olympique lors de l'ouverture des Jeux.**

## Le Palio (août)

Des milliers de spectateurs se pressent chaque année sur la piazza del Campo de Sienne, en Italie, pour assister à cette course équestre vieille de six cents ans. Les dix concurrents, originaires des différents *contradas* (quartiers) de Sienne, sont vêtus de costumes médiévaux. Le vainqueur reçoit le *pallium*, la bannière de la Vierge Marie.

**Les concurrents du Palio de Sienne portent chapeaux et costumes colorés.**

**En Bavière, la fête d'octobre, *Oktoberfest*, commémore les noces de Louis I$^{er}$ de Wittelsbach en 1810.**

## Fêtes nationales

À l'occasion de la fête nationale, on hisse les drapeaux et les gens arborent parfois le costume traditionnel. Certains pays célèbrent le jour où ils sont devenus une nation autonome. Ainsi, les Inuits ont fêté leur indépendance pour la première fois le 1$^{er}$ avril 1999. D'autres manifestations, comme la fête d'Octobre en Allemagne, commémorent des événements particuliers.

**Costume national norvégien.**

## Fête nationale de Norvège (17 mai)

C'est le jour des enfants. Dans les écoles, on hisse le drapeau norvégien à 8 heures, et dès 9 heures, élèves, enseignants et parents se rassemblent, vêtus du costume national ou de leur tenue la plus élégante. Les enfants, brandissant des drapeaux, marchent derrière la fanfare qui joue l'hymne national. C'est ce qu'on appelle *Barnetoget*. On prononce des discours, on chante et on joue. Puis on rentre déjeuner en famille ; les enfants se régalent de glaces, de bonbons et de limonade. Dans certaines villes, il y a un défilé l'après-midi, le *Folketoget*, et la fête se poursuit jusque tard dans la nuit.

# FÊTES DU SOUVENIR

Les fêtes commémoratives nous donnent l'occasion de méditer sur le passé et d'honorer ceux qui sont morts pour la patrie. Des cérémonies solennelles ont lieu devant les monuments qui leur sont dédiés, telle la tombe du Soldat inconnu, sous l'Arc de Triomphe, à Paris.

### Fête de l'Armistice

La Première Guerre mondiale prit fin en 1918, à la onzième heure du onzième jour du onzième mois. Depuis, le 11 novembre est une fête commémorative, en France comme dans les pays alliés. En Grande-Bretagne et en France notamment, on organise des cérémonies devant les monuments aux morts. À Londres, en présence de la reine, les troupes défilent devant le Cénotaphe, et l'on y dépose des gerbes de fleurs. À 11 heures, tout le monde observe deux minutes de silence.

**Un cimetière militaire en France.**

### L'histoire d'Isabelle

La Première et la Seconde Guerre mondiales (1914-1918 et 1939-1945) furent des événements capitaux dans l'histoire du monde. Je les ai étudiées en classe, et notre professeur d'histoire nous a emmenés voir les tombes des soldats morts pour la France. Tous les ans, on célèbre une cérémonie à leur mémoire sous l'Arc de Triomphe, à Paris, et devant tous les monuments aux morts.

### Les coquelicots du souvenir

Beaucoup de gens arborent un coquelicot le jour de l'Armistice : pendant la Première Guerre mondiale, on enterrait les morts dans les champs, entre les tranchées boueuses, et des coquelicots poussaient sur ces tombes de fortune. Des millions de soldats de différentes nationalités périrent ainsi en Belgique et dans le Nord et l'Est de la France.

**Une flamme brûle en permanence sur la tombe du Soldat inconnu, sous l'Arc de Triomphe, à Paris.**

## Wesak ou Vesakha (mai / juin)

Cette fête, qui se déroule lors de la pleine lune, célèbre la naissance du Bouddha. Celui-ci était à l'origine un prince indien appelé Siddhartha Gautama. Et ce fut lors de la pleine lune de Wesak qu'il reçut l'illumination, et comprit le sens de la vie. Pour les bouddhistes, ce jour est consacré à la prière. Les maisons et les temples sont ornés de lanternes, et les fidèles échangent des cartes de vœux.

**On allume des bougies pour Wesak.**

**Ces enfants juifs se sont costumés pour fêter Pourim.**

**Pour les bouddhistes, Wesak est l'occasion de méditer et d'honorer Bouddha.**

## Yom Ha-Shoah (29 janvier)

En Israël, ce jour est dédié aux victimes de la Shoah. Ce mot hébreu signifie « anéantissement » : durant la Seconde Guerre mondiale, six millions de juifs furent exterminés par les nazis dans des chambres à gaz. C'est un jour consacré à la méditation ; le soir qui précède, en signe de respect, tous les lieux de divertissement sont fermés.

## Pourim (mars)

Pourim est une fête commémorative. Ce jour-là, les juifs se rendent à la synagogue pour écouter l'histoire de la reine juive Esther, épouse du roi de Perse. Le vizir du roi, Aman, voulait tuer tous les juifs car l'un d'eux, nommé Mordecai, avait refusé de s'incliner devant lui, mais Esther déjoua son complot. À chaque fois que le nom d'Aman est mentionné, les enfants, déguisés en rois et en reines, lancent des huées.

# Défilés

Lors des fêtes commémoratives, nous rendons hommage à tous ceux qui nous ont permis de vivre dans un monde meilleur. Nous célébrons aussi les grands événements historiques.

## Prise de la Bastille (14 juillet)

Pendant la Révolution française (1789-1799), le peuple se battait pour la liberté. La forteresse-prison de la Bastille, à Paris, était le symbole de l'oppression. Le 14 juillet 1789, la foule s'en empara et libéra les quelques prisonniers qui s'y trouvaient encore. Depuis 1880, le 14 juillet est une fête nationale, marquée par des défilés militaires. Le soir du 13 juillet, dans toute la France, sont organisés des bals et des feux d'artifice.

Ces cavaliers brandissent le drapeau des États-Unis pour le Memorial Day.

En 1789, les révolutionnaires s'emparèrent de la Bastille.

## Memorial Day (mai)

Le dernier lundi de mai, les Américains honorent la mémoire des soldats morts pour la patrie. On l'appelle également Decoration Day, car on avait autrefois coutume d'orner les tombes de fleurs et de drapeaux. La première cérémonie eut lieu en 1868, en hommage aux morts de la guerre de Sécession (1861-1865). Les Américains commémorent aussi le 11 novembre, car de nombreux soldats américains participèrent aux deux guerres mondiales.

Ces jeunes Néo-Zélandais portent les médailles de leurs grands-parents pour Anzac Day.

Défilé du 1er Mai sur la place Rouge, à Moscou.

## Anzac Day (25 avril)

Des milliers de soldats australiens et néo-zélandais périrent à Gallipoli, en Turquie, en 1915. On honore leur mémoire lors de défilés où les enfants arborent les médailles de leurs aïeux. Les drapeaux sont en berne et le silence règne tandis qu'un clairon joue un hymne militaire.

## Fête du Travail (1er mai)

En 1889 à Paris, le 1er mai fut déclaré fête des travailleurs par le congrès socialiste international. (Aux États-Unis et au Canada, la fête du Travail tombe le premier lundi de septembre.) Le 1er mai, des défilés sont organisés un peu partout dans le monde. À Moscou et à Pékin, cette fête donne lieu à d'imposantes parades militaires.

## Saint-Patrick (17 mars)

Patrick est le saint patron de l'Irlande ; il utilisa le trèfle à trois feuilles pour expliquer la Trinité à ses disciples – comment Dieu pouvait être à la fois le Père, le Fils (Jésus) et le Saint-Esprit. Les Irlandais le fêtent le 17 mars en arborant un trèfle à leur boutonnière.

À New York, la communauté irlandaise défile dans les rues le jour de la Saint-Patrick.

## Gandhi Jayanti (2 octobre)

Mohandas Karamchand Gandhi (1869-1948) était un hindou apôtre de la non-violence. Il fut assassiné en 1948 après des années de résistance pacifique contre les Britanniques. Le 2 octobre, jour anniversaire de sa naissance, est pour tous les Indiens jour de fête nationale.

Gandhi lutta toute sa vie pour l'indépendance de l'Inde. Son vœu se réalisa le 14 août 1947, et l'on célèbre tous les ans à cette date la fête de l'Indépendance.

# Feux et lumières

Les fêtes en mémoire des disparus ne sont pas forcément tristes. Pour les hindous, la mort est le début d'une nouvelle vie. Les Aztèques croyaient que les défunts revenaient sous la forme de colibris ou de papillons. De nos jours, la fête des Morts, au Mexique, donne lieu à des réjouissances générales. On dépose des fleurs sur les tombes et la lueur de centaines de bougies illumine ces festivités nocturnes.

Les Mexicains déposent des offrandes à leurs morts sur des autels ornés de fleurs et de bougies.

### Fête des Morts mexicaine (1-2 novembre)

La Toussaint, que l'on assimile à la fête des Morts, se célèbre dans la joie chez les Mexicains. Ils nettoient les tombes, les décorent de fleurs et de bougies et passent toute la nuit au cimetière. Ils dressent des tables garnies d'offrandes aux morts *(ofrendas)* – leurs mets préférés, leurs objets personnels. Dans la journée, des danseurs portant des masques en forme de tête de mort participent aux *fiestas*.

### Têtes de mort en sucre

Le jour de la fête des Morts, les enfants mexicains se régalent de confiseries bien particulières : des têtes de mort en sucre. Tu peux en confectionner toi aussi.

1. **Mélange du colorant alimentaire à du fondant pâtissier (acheté tout prêt).**
2. **Avec tes doigts, façonne une tête de mort.**
3. **Dessine les traits avec un instrument pointu.**
4. **Décore le crâne avec des vermicelles colorés... et croque-le !**

Ces crânes en sucre peuvent se conserver longtemps.

## Nuit de Guy Fawkes (5 novembre)

Le 5 novembre 1605, le catholique Guy Fawkes tenta de faire sauter le Parlement de Londres, mais cette « conspiration des Poudres » échoua. Depuis lors, les Britanniques célèbrent cet échec en faisant brûler des mannequins à l'effigie de Guy Fawkes et en tirant des feux d'artifice.

**Les *mishumas* consistent en sept bougies noires, vertes et rouges. On en allume une chaque soir de la semaine de Kwanzaa.**

**Pendant la Nuit de Guy Fawkes, de spectaculaires feux d'artifice illuminent le ciel britannique.**

## Kwanzaa (décembre / janvier)

Au cours de cette fête qui dure une semaine, les Afro-Américains commémorent leurs racines africaines et leur héritage culturel par des rites, des chants, des danses et des festins. Kwanzaa signifie « premiers fruits » en swahili, et ces réjouissances marquent à l'origine une fête des récoltes en Afrique. On allume sept bougies de couleur, à raison d'une par jour, à partir du 26 décembre : elles symbolisent les sept principes de Kwanzaa, selon lesquels tous les Africains ne forment qu'une même famille, quel que soit le pays où ils vivent. Parents et enfants échangent des cadeaux – souvent des objets d'artisanat africain.

**Chaque hiver, les Afro-Américains fêtent Kwanzaa à grand renfort de bougies, de musique africaine et de fruits.**

# Cérémonies

Nos ancêtres ont contribué à édifier le monde actuel. Partout dans le monde, les vivants témoignent leur respect à ceux qui ne sont plus lors de cérémonies d'origine tantôt très ancienne, tantôt toute récente.

Chaque année, en octobre, les Colombiens fêtent le *Dia de la Raza*, pour témoigner de l'influence des colons espagnols sur leur histoire et leur culture.

**Colombus Day (12 octobre)**

Christophe Colomb atteignit les Caraïbes en 1492, et en prit possession au nom du gouvernement espagnol. Depuis 1792, les Américains rendent hommage au navigateur lors de Colombus Day, le 12 octobre, ou le deuxième lundi du mois. Le premier serment d'allégeance au drapeau américain eut lieu le 12 octobre 1892. Les habitants de la Colombie, en Amérique du Sud, célèbrent leurs ancêtres espagnols à la même date, lors du *Dia de la Raza* (Jour de la Race). Les enfants jouent des saynètes dont Colomb est le personnage principal.

**Martin Luther King Day**

Martin Luther King était un pasteur noir américain qui toute sa vie combattit pacifiquement en faveur des droits civiques. En 1964, il reçut le Prix Nobel de la Paix, mais il fut assassiné en 1968. Aujourd'hui, les Américains lui rendent hommage le troisième lundi de janvier, jour de fête nationale.

Célébration de l'anniversaire de Martin Luther King au son des fanfares universitaires.

## Pessah (avril)

Chez les juifs, cette fête qui dure huit jours commémore la fuite des Israélites hors d'Égypte. À cette occasion, on procède à un grand nettoyage de printemps. Le premier soir est marqué par un repas spécial appelé *Seder*. Il se compose de mets symboliques : un œuf, du persil, du raifort, une côte d'agneau rôtie, de l'eau salée et une mixture sucrée, le *charoset*. À cela s'ajoutent du vin et du pain sans levain, ou *matzah*.

Le *Seder* est le repas de Pessah.

**Recette du *charoset* :**

Ce dessert qu'on déguste lors du *Seder* représente le mortier utilisé par les esclaves juifs dans l'Égypte ancienne.

1. **Éplucher, épépiner et râper trois pommes.**
2. **Ajouter 100 g de noix hachées, 25 g de dattes et de raisins secs hachés, et 30 ml de jus de pomme.**
3. **Saupoudrer de cannelle et bien mélanger le tout.**

## Chute du Mur de Berlin (9 novembre)

À la fin de la Seconde Guerre mondiale, en 1945, l'Allemagne fut divisée en deux : l'Allemagne de l'Ouest occupée par les Alliés occidentaux et l'Allemagne de l'Est rattachée au bloc soviétique. En 1961, un mur fut érigé à Berlin pour séparer les deux camps. Ceux qui tentaient de le franchir étaient abattus. Enfin, en 1989, le Mur de Berlin fut détruit, et l'Allemagne réunifiée. En 1999, dix ans plus tard, une fête commémorative se tint à la Porte de Brandebourg, qui relie les deux parties de la ville.

En 1989, les Allemands fêtaient la chute du Mur de Berlin et la réunification.

# NOUVEL AN

Le Nouvel An ne se fête pas partout à la même date. Selon le calendrier grégorien, l'année se termine le 31 décembre, au soir de la Saint-Sylvestre. Mais les Chinois, qui suivent le calendrier lunaire, célèbrent le Nouvel An en janvier ou en février. Les hindous le fêtent quant à eux en novembre.

### Janus

Le mois de janvier doit son nom à l'un des plus anciens dieux romains, Janus, le dieu des portes mais aussi de tous les commencements. Ce dieu possède deux visages tournés en sens contraires, et son temple, dans le Forum romain, était doté de deux portes, à l'est et à l'ouest. Le premier jour de *Januarius*, le onzième mois de l'année romaine qui commençait, avant le II$^{e}$ siècle, en mars, on offrait des sacrifices à Janus, et chaque Romain plaçait son travail de l'année à venir sous la protection du dieu.

**Les deux visages de Janus devant le temple.**

### L'histoire de Grace

Je vis à New York. Nous fêtons le Nouvel An en famille, avec des cotillons. J'ai pris de bonnes résolutions pour la nouvelle année, mais je ne sais pas si je les tiendrai toutes. En tout cas, je vais essayer de ne plus me disputer avec mon frère ! Quand je serai plus grande, j'irai réveillonner à Times Square, avec des milliers de New-Yorkais.

### Bonnes résolutions du Nouvel An

Au début de l'année, les gens prennent toutes sortes de résolutions, pour démarrer d'un bon pied. Voici celles de Grace. Et toi, que mettrais-tu sur ta liste ?

1. **J'arrêterai de me quereller avec mon frère.**
2. **Je ferai mon lit et rangerai ma chambre tous les matins avant de partir pour l'école.**
3. **Je ne regarderai pas la télévision avant d'avoir fini tous mes devoirs.**
4. **Je me lèverai dès la première sonnerie du réveil.**
5. **Je ne prendrai pas de sucreries dans la cuisine quand mes parents auront le dos tourné.**

Feux d'artifice dans le ciel de Sydney, en Australie, pour saluer l'an 2000.

## Fête du Millénaire
**(31 décembre 1999)**

Le 1er janvier 2000, dernière année du XXe siècle et du second millénaire, fut une date marquante pour les chrétiens, car le calendrier grégorien compte les années à partir de la naissance du Christ. Des gens de toutes les croyances participèrent aux réjouissances, bien que leur calendrier soit fort différent. Par exemple, pour les hindous, l'an 2056 a commencé le 8 novembre 1999. Les musulmans, en l'an 2000, étaient eux en 1421, et les juifs en 5761.

En Écosse, pour le réveillon, on perpétue la tradition du « premier entré ».

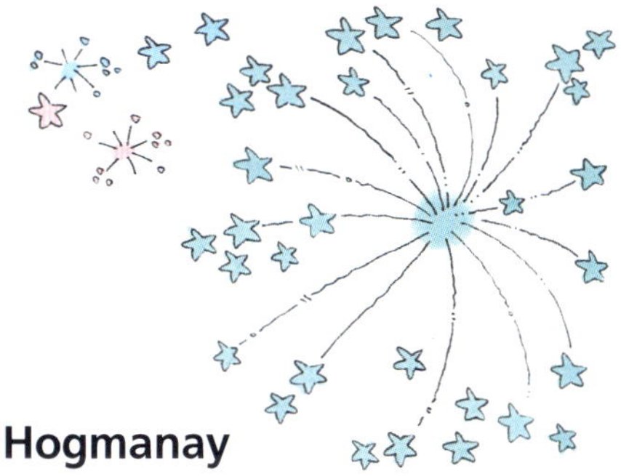

## Hogmanay

En Écosse, la Saint-Sylvestre s'appelle Hogmanay. À minuit, tout le monde entonne *Auld Land Syne*. On observe encore également la coutume du « first foot », ou « premier entré ». La première personne à franchir le seuil au douzième coup de minuit doit être un homme aux cheveux sombres, qui apporte du charbon, du pain et une pièce de monnaie, afin que la maison ne manque ni de feu, ni de nourriture, ni d'argent.

## Réveillon à Paris

Le 31 décembre 1999, un réveillon de la Saint-Sylvestre extraordinaire a été organisé à Paris. À minuit, la Tour Eiffel s'est embrasée grâce à un splendide feu d'artifice, puis des milliers de flashs l'ont illuminée pour le reste de la nuit. Sur les Champs-Élysées, plusieurs grandes roues symbolisant le passage à l'an 2000 se sont animées. La fête a duré jusque très tard dans la nuit.

# Festivités

Objets symboliques du Nouvel An : lanterne, calendrier, cartes de vœux et dragon, *shofar* juif, bougies, décorations, serpentins et cotillons, et une flûte à champagne.

Le Nouvel An chinois, Yuan Tan, se fête le premier jour du premier mois du calendrier lunaire. Il donne lieu à des réjouissances très colorées, que les familles préparent longtemps à l'avance. Il en est de même au Vietnam, où la fête du Têt est célébrée avec éclat. On accorde une grande place au symbolisme des couleurs, des objets et des rituels, en offrant, par exemple, des agrumes porte-bonheur. Et les jeunes générations continuent d'observer les anciennes traditions.

## Nouvel An chinois (janvier / février)

Les fêtes du Nouvel An chinois durent deux semaines. On honore en premier lieu le dieu de la cuisine. Puis on nettoie la maison et on la décore. La veille du Nouvel An, on allume des pétards. Les gens rendent visite à leurs amis, en apportant boisson et nourriture. On offre aux enfants des pièces porte-bonheur enveloppées de papier rouge, et l'on dispose partout des kumquats, des oranges et des mandarines.

## Fête des Lanternes (février / mars)

La fête des Lanternes, Teng Chieh, se tient le dernier jour des festivités du Nouvel An chinois, lors de la première pleine lune de l'année. Maisons et bâtiments s'ornent de lanternes de toutes formes et de toutes couleurs. Les danseurs déguisés en lions ou en dragons paradent dans les rues bondées. Le dragon est symbole de longue vie et de prospérité.

Le dernier jour des festivités, les danseurs costumés défilent dans les rues.

## Réveillon (31 décembre)

Pour beaucoup de gens, le réveillon est l'occasion de se réunir en famille ou entre amis. La fête dure tard dans la nuit. On déguste des mets et des boissons de choix, on distribue des cotillons. De vives clameurs saluent le douzième coup de minuit, et le champagne coule à flots. En Italie, la coutume veut que l'on jette par la fenêtre vieux meubles et casseroles – à condition que la rue soit déserte !

## Fête du Têt (février)

Au Vietnam, les festivités du Nouvel An durent sept jours. Les maisons sont décorées de fleurs jaunes appelées *hoa mai*. Devant le seuil, on installe un arbre de Nouvel An, ou *cay neu*, pour chasser les mauvais esprits. Il est fait de bambou et orné de papier rouge. Partout, l'on dispose des mandarines porte-bonheur.

**La mandarine est le fruit symbolique de la fête du Têt.**

**En 1999, les sikhs ont célébré le 300e anniversaire de la fondation de la *khalsa*.**

## Baisakhi (avril)

Les sikhs du Penjab, dans le Nord de l'Inde, fêtent le Nouvel An, ou baisakhi, en avril. On hisse le drapeau sikh, on chante et on danse. En cette occasion, les sikhs se remémorent comment le gourou Gobind Singh (le dixième gourou, ou maître spirituel) mit à l'épreuve ses disciples, en leur demandant s'ils étaient prêts à mourir pour leur foi. Cinq hommes se portèrent volontaires, et le gourou leur offrit une boisson sucrée, l'*amrit*. C'est ainsi que fut fondée la *khalsa*, la communauté sikh. Les jeunes gens sont généralement initiés durant la fête de Baisakhi.

# Cérémonies

Le Nouvel An se célèbre de différentes manières, et à différentes dates. Mais ces festivités ont cependant un point commun : elles sont le symbole d'un nouveau départ. C'est le moment de réfléchir sur l'année écoulée, et d'opérer des changements.

Le *shofar* est une corne de bélier utilisée comme instrument de musique

**Rosh Hoshanah (septembre)**

Le Nouvel An juif s'appelle Rosh Hoshanah. La fête, qui dure deux jours, commence le premier jour du mois juif *tishri*. Les réjouissances débutent au coucher du soleil. Dans les maisons, on allume deux bougies, on boit du vin et l'on mange du pain *challah*, ainsi que des morceaux de pomme trempés dans du miel, pour que l'année soit douce. Pour les juifs, ce jour est celui où Abraham s'apprêtait à sacrifier son fils ; l'atmosphère est donc au calme et à la gravité. À la synagogue, le rabbin souffle dans le *shofar* (corne de bélier), et l'on médite sur l'année écoulée.

**Tu b'Shevat (janvier / février)**

Le quinzième jour du mois de *shevat* est le Nouvel An des arbres, en Israël. Tu b'Shevat marque la fin de l'hiver. Les enfants plantent des arbres, symbole d'avenir. Jadis, les juifs plantaient un cèdre pour la naissance d'un garçon, un cyprès pour une fille. Les troncs de ces arbres servaient à fabriquer des tentes pour le mariage des enfants devenus adultes.

En Israël, les enfants plantent des arbres pour Tu b'Shevat. C'est un cadeau aux générations futures, car les arbres croissent lentement.

**Au Sikkim, en Inde, les prêtres bouddhistes, ou lamas, brûlent symboliquement les maux affligeant le monde.**

## Songkran (13-16 avril)

Le Nouvel An thaï est appelé Songkran. C'est une fête aquatique, avec de grandes courses de bateaux. On élit une princesse de Songkran, qui parade sur un cheval de bois ornementé, sous un parasol. Trois roulements de tambour et trois tintements de cloche marquent la fin des festivités.

## Losar (janvier)

Ces festivités tibétaines durent trois jours. Le premier jour se passe en famille. Puis amis et parents se rendent visite et échangent des cadeaux. Les façades des maisons sont repeintes en blanc et les gens portent des habits neufs. Ils décorent l'autel familial de porte-bonheur, tels que des épis de blé. Ils font des offrandes aux moines bouddhistes et accomplissent des rituels pour chasser les mauvais esprits.

## Setsubon (février)

La fête japonaise de Setsubon, ou semaille des haricots, a lieu peu après le Nouvel An, en février. On célèbre l'approche du printemps en chassant les mauvais esprits. Sur l'autel familial est placé un récipient contenant des haricots. Le soir venu, le fils aîné de la maison sème les haricots devant le seuil et dans les coins sombres. Au-dessus de la porte, on suspend une amulette pour repousser les esprits maléfiques.

**La musique contribue beaucoup à l'ambiance joyeuse du Nouvel An thaï, Songkran.**

**La cérémonie de Setsubon se déroule devant les autels familiaux et dans les temples. Les haricots sont symboles de bonne santé et de chance ; on espère ainsi que la nouvelle année sera propice.**

# JOURS SAINTS

Un jour saint est un jour de fête religieuse. Parfois, on commémore à cette date un événement particulier ; ainsi, les juifs, à Hannoukah, célèbrent la réouverture du Temple après qu'il eut été profané par le roi Antiochos IV en 164 av. J.-C.. Parfois, on honore un personnage de l'histoire sainte. Pour les chrétiens, Noël signifie avant tout la naissance de Jésus. Mais Noël est devenu aujourd'hui un mélange des traditions des différents peuples de l'hémisphère nord. Chacun d'eux le fête à sa manière.

### La Saint-Nicolas

Saint Nicolas, ou Sinter Klaus, était un évêque réputé pour sa bonté, qui vivait en Asie Mineure au début du IVe siècle. Il était considéré comme un protecteur des enfants, qui croyaient qu'il les récompenserait s'ils étaient sages. En Europe de l'Est, la veille du 5 décembre, des adultes costumés en saint Nicolas distribuent des cadeaux aux enfants.

**Le 6 décembre, les Hollandais fêtent la Saint-Nicolas, ou Sinter Klaus. Un adulte déguisé en évêque traverse la ville à cheval, accompagné de son valet Pierre le Noir.**

### L'histoire de Sven

Je vis en Suède. Tous les ans, j'attends Noël avec impatience. Pour les chrétiens, c'est l'occasion de célébrer la Nativité, la naissance de Jésus, il y a de cela plus de 2000 ans. Nous décorons nos maisons de houx, de lierre et de gui.
Nous allumons des bougies, échangeons des cartes de vœux – et, mieux encore, des cadeaux.

### Noël

**Les quatre semaines qui précèdent Noël constituent l'Avent : c'est la période où les chrétiens se préparent à fêter la naissance du Christ, le 25 décembre, ou, dans l'Église orthodoxe, le 6 janvier. Pour les habitants de l'hémisphère sud, Noël tombe en plein été ! La veille de Noël, on célèbre des messes de minuit dans les églises et les cathédrales. Le jour de Noël est un jour de réjouissance, où l'on savoure un repas de fête. En Grande-Bretagne, le lendemain de Noël, Boxing Day, est également férié. C'est le jour de la Saint-Étienne, le premier des martyrs chrétiens.**

**La tradition du sapin de Noël prit naissance en Allemagne, il y a environ mille ans. Il fut introduit en France en 1837.**

## Chants de Noël

Au moment de Noël, on chante des chants joyeux évoquant la naissance de Jésus : *Il est né le divin Enfant, Douce Nuit...* On peut les entendre dans les écoles et les églises, mais aussi dans la rue : en Grande-Bretagne, des groupes de chanteurs récoltent ainsi des fonds destinés à des organisations caritatives, la veille de Noël.

**Ces jeunes chanteurs tiennent des bougies symbolisant la naissance du Christ.**

## Cartes de Noël

Les cartes « maison » sont plus originales que celles qu'on trouve dans le commerce.

1. **Prends un morceau de bristol rouge de 20 cm sur 15. Plie-le en deux et écris ton message sur la partie intérieure.**
2. **Découpe un sapin dans du papier vert.**
3. **Colle le sapin sur la carte.**
4. **Décore-le d'étoiles adhésives...**
5. **... et de paillettes, au gré de ton inspiration.**

**La hotte du Père Noël est remplie de cadeaux destinés aux enfants.**

## Cadeaux

Certains enfants croient que c'est le Père Noël, l'équivalent anglais et français de saint Nicolas, qui apporte les cadeaux durant leur sommeil. En Slovaquie, les enfants placent une botte sur le rebord de la fenêtre la veille du 5 décembre, afin que saint Nicolas y dépose des bonbons.
Pour les chrétiens, ces traditions évoquent les cadeaux faits par les Rois Mages à l'enfant Jésus.

# Feux et lumières

Avant l'invention de l'électricité et du chauffage central, les hivers étaient sombres et glacials pour les peuples nordiques. Ils aspiraient au printemps et célébraient le retour du soleil par des feux de joie et des processions aux flambeaux. Le feu occupe toujours une place de premier plan dans certaines fêtes religieuses hivernales. Que ce soit à Noël, à Hanoukkah ou à Divali, le symbolisme des lumières reste toujours présent.

**Nous allumons des lampes à huile pour nous attirer la bénédiction de Lakshmi, la déesse hindoue de la fortune.**

## Divali (octobre / novembre)

À Divali, les hindous fêtent la victoire du bien sur le mal et le début de la nouvelle année. En Inde, les rues s'illuminent de milliers de petites lumières, et, dans toutes les maisons, on voit flamboyer des guirlandes électriques. On échange des cartes et des cadeaux et on prépare des mets spéciaux pour les apporter au temple.

**À Divali, on offre aux invités des confiseries indiennes : *barfi*, fondant à la banane, et *patashe*. Le *barfi*, fait de sucre, d'eau et de lait en poudre, peut être décoré de noix de coco, de noix hachées ou de cerises.**

**Pour Divali, nous traçons des motifs devant nos maisons avec des grains de riz colorés.**

Les familles indiennes célèbrent Divali devant un autel orné de bougies et de toutes sortes de sucreries.

Les jeunes Suédoises s'habillent de blanc et portent des couronnes pour la Sainte-Lucie.

## Sainte-Lucie (13 décembre)

Dans les pays nordiques, les nuits d'hiver sont longues et froides. Le 13 décembre, certains chrétiens fêtent sainte Lucie, la patronne de la lumière. Ce jour-là, dans toute la Suède, des jeunes filles portant des robes blanches et des couronnes de bougies forment des processions en son honneur. Au repas, on déguste des petits pains spéciaux fourrés de raisins secs.

## Hanoukkah (décembre)

Au II^e^ siècle avant notre ère, les Israélites ont vaincu le tyran grec qui les avait contraints à abandonner leur religion. Pour célébrer cette victoire, le Temple de Jérusalem, qui avait été profané par le tyran, fut à nouveau consacré. Les lampes contenaient juste assez d'huile pour une journée, mais elles brûlèrent pendant huit jours. Le chandelier à huit branches commémore ce miracle. La neuvième chandelle, ou *shamash*, au centre, sert à allumer les autres. Chaque soir des huit jours d'Hanoukkah, on allume une bougie supplémentaire, jusqu'à ce qu'elles brûlent toutes les huit. À cette occasion, on mange des mets spéciaux tels que les *latkes*, des crêpes de pomme de terre servies avec de la compote de pomme et de crème aigre.

Le *shamash*, la neuvième chandelle, sert à allumer les autres.

# Cortèges

Au carnaval, on se déguise, on défile en musique, on danse et on festoie. Le carnaval de Rio, au Brésil, est réputé dans le monde entier ; il dure plusieurs jours. L'italien *Carnevale* (Mardi gras) vient du latin *carnelevare*, qui signifie « supprimer la viande ». Autrefois, le carnaval était un prétexte pour s'amuser avant d'entamer la période de jeûne qui précède Pâques, le Carême. Chez les bouddhistes, l'équivalent du carnaval s'appelle *Asalha Perahara*. Perahara veut dire « cortège ».

**Les colons français importèrent la tradition du Mardi gras aux États-Unis et aux Antilles.**

### Asalha Perahara (juillet / août)

Cette fête bouddhiste a lieu dans la ville de Kandy, au Sri Lanka. La nuit de la pleine lune, une centaine d'éléphants défilent dans les rues. L'un d'eux porte la dent du Bouddha dans une châsse d'or. Des danseurs, des acrobates et des jongleurs participent à ce défilé.

### Mardi gras (février)

Le dernier jour avant le Carême s'appelle Mardi gras. Autrefois, les gens confectionnaient des crêpes afin d'utiliser les œufs et les matières grasses qui leur seraient interdits pendant le Carême, qui dure quarante jours. En France, cette tradition s'est perpétuée jusqu'à aujourd'hui, même si peu de gens respectent encore le jeûne. Le lendemain du Mardi gras s'appelle le mercredi des Cendres ; c'est un jour de pénitence, où les chrétiens demandent pardon à Dieu pour leurs péchés.

**Défilé de chars pendant le carnaval de Nice, pour le Mardi gras.**

**On confectionne des crêpes à l'occasion du Mardi gras.**

Les danseurs répètent toute l'année en vue du défilé, et les préparatifs débutent des semaines à l'avance.

Chaque danseur revêt un costume extravagant spécialement confectionné pour cette occasion.

Certains costumes sont si élaborés que les danseurs ne peuvent pas marcher et doivent défiler sur des chars.

### Mardi gras (février)

Le plus spectaculaire de tous les carnavals est sans conteste celui de Rio de Janeiro, au Brésil. Cinq soirs d'affilée, les élèves des différentes écoles de samba défilent dans les rues, arborant des costumes colorés. On désigne les meilleurs danseurs à l'issue d'un concours. Chaque pays fête le carnaval à sa manière. À La Nouvelle-Orléans, aux États-Unis, la fête dure deux semaines. Les gens se déguisent en arlequins, ou en bouffons. À la Trinité, aux Antilles, les enfants portent des costumes excentriques et dansent au son des *steel bands*. Les adultes concourent pour l'élection du roi et de la reine du carnaval.

**Les costumes et les chars coûtent souvent très cher. Mais pour les pauvres, c'est une façon d'oublier les soucis quotidiens.**

# Jeûnes et festins

Les périodes de jeûne précèdent souvent les jours de festin. De cette façon, on apprécie davantage les repas de fête. Chez les chrétiens, c'est le Carême, qui précède Pâques. Chez les musulmans, c'est le Ramadan, qui est suivi de l'Aïd el Fitr. Les juifs, eux, jeûnent notamment le jour de Yom Kippour, avant la fête de Soukkoth.

**Semaine sainte au Guatemala (mars / avril)**

La Semaine sainte est celle qui suit le Carême. Le Vendredi saint est un jour de tristesse, car c'est celui de la mort de Jésus. Au Guatemala, pendant la *Semana Santa*, l'on mange des petits pains en forme de croix symbolisant la crucifixion. Le Vendredi saint, les fidèles, pieds nus et vêtus de pourpre, portent en silence un énorme dais de chêne, sur un tapis de fleurs fraîches. Sur le dais se trouve une statue du Christ grandeur nature, habillé de rouge et portant une lourde croix de bois.

**Le Vendredi saint, les chrétiens commémorent la mort du Christ. Au Guatemala, les fidèles marchent en procession sur un tapis de fleurs fraîches.**

**Œufs de Pâques et fleurs printanières sont des symboles de renaissance.**

**Pâques (mars / avril)**

La fête de Pâques est toujours célébrée le premier dimanche après la pleine lune de l'équinoxe de printemps, qui a lieu entre le 20 et le 22 mars. C'est une fête mobile, qui change de date chaque année. C'est un jour de joie pour les chrétiens, qui célèbrent la résurrection du Christ. Les cloches carillonnent, et les églises sont remplies de fleurs. L'on offre aux enfants des œufs de Pâques en chocolat, car les œufs sont un symbole de renaissance.

De grandes parades à cheval ont lieu lors de l'Aïd el Fitr.

## Ramadan et Aïd el Fitr

Pendant le mois du Ramadan, les musulmans commémorent la révélation du Coran au prophète Mahomet par l'ange Gabriel. Les fidèles jeûnent du lever au coucher du soleil. Quand la nouvelle lune se lève, l'imam annonce la fin du jeûne, et les réjouissances de l'Aïd el Fitr peuvent commencer. Elles dureront trois jours, pendant lesquels les gens mangent des plats spéciaux tels que les *samosas*, et s'offrent des cadeaux et des cartes.

Les musulmans célèbrent la fin du jeûne lors de l'Aïd el Fitr.

## Yom Kippour (septembre / octobre)

Cette fête juive a lieu dix jours après Rosh Hashanah. Les adultes ne mangent pas et ne boivent rien de toute la journée, mais les enfants sont dispensés du jeûne. À la synagogue, l'on prie pour le pardon des péchés commis durant l'année. À la fin de la fête, on sonne le *shofar*.

Au retour de la synagogue, on prend un repas spécial pour marquer la fin du jeûne de Yom Kippour.

À la synagogue, le lieu du culte israélite, on sonne le *shofar* pour Yom Kippour.

# Décorations

Les moissons sont souvent l'occasion de grandes réjouissances. Leur date varie selon les pays. En Grande-Bretagne, elles ont lieu au début de l'automne. En Inde, on récolte le riz en janvier. Les décorations utilisées pour ces fêtes sont généralement les produits de la terre elle-même : bananes dans les pays tropicaux, pommes dans les pays tempérés, ou même poissons dans les régions côtières.

**Ces enfants des îles Kiribati, dans le Pacifique, se préparent pour la fête de l'igname, la principale denrée locale.**

**Fête des Moissons**

En Grande-Bretagne, cette coutume était plus répandue autrefois, quand la majeure partie de la population vivait à la campagne. Aujourd'hui, les zones rurales se dépeuplent au profit des villes, mais l'on célèbre encore des messes d'actions de grâce à l'occasion des moissons. Les églises sont décorées de fruits, de fleurs, de légumes et de miches de pain. Les enfants apportent de la nourriture qui sera ensuite distribuée aux pauvres. À Londres, les marchands des quatre saisons défilent dans des tenues traditionnelles ornées de boutons de nacre.

**Le pain ainsi que les épis de blé ou de maïs occupent souvent une place de choix lors des fêtes des Moissons. Ils constituent la base de notre alimentation, et le blé est le symbole païen de la fertilité.**

**En Grande-Bretagne, on fête la moisson en déposant des produits frais devant l'autel, afin de remercier Dieu.**

## Argungu (février / mars)

Au Nigeria, on célèbre depuis plus de quatre siècles Argungu, la fête de la pêche. Elle a lieu sur les bords du fleuve Rima pour marquer la fin de la saison de pêche. Les gens portent des vêtements imprimés de poissons, et se livrent à des compétitions sportives. Bien sûr, l'événement le plus attendu est le concours de pêche. Les participants, munis d'une calebasse et de deux filets, sont au nombre de plusieurs centaines. Le gagnant est celui qui attrape le plus gros poisson.

## Soukkoth (septembre / octobre)

C'est la fête de la récolte des derniers fruits pour les juifs. Elle dure huit jours et commémore la protection que Dieu accorda aux Hébreux lors de leur longue marche vers la Terre promise, sous la conduite de Moïse. Les enfants dressent dans le jardin des cabanes ou des tentes appelées *soukkoth*. Ils les décorent de fruits et de branches. Ils portent des *lulav* (feuilles de palme ou de myrte), symbolisant la protection divine.

**Des enfants juifs construisent et décorent des *soukkoth* (cabanes).**

## Shavouoth (mai / juin)

Sept semaines après Pessah, pendant un jour ou deux, les juifs fêtent la récolte des primeurs : c'est la Shavouoth, fête des Semaines ou Pentecôte. Elle commémore le jour où Moïse gravit le Sinaï et reçut les Dix Commandements. Jadis, à Shavouoth, les gens apportaient les premières récoltes au Temple de Jérusalem, pour les offrir à Dieu. Aujourd'hui, les synagogues sont ornées de fleurs et de feuillages, et les enfants attendent cette fête avec impatience.

**En Israël, Shavouoth est une fête très joyeuse. Les enfants chantent et dansent, portant des corbeilles de fruits et de fleurs.**

# Cérémonies

Jadis, les païens adoraient Mère Terre et Père Ciel. Au moment des moissons, ils remerciaient la terre nourricière. En Grande-Bretagne, Mère Terre était représentée par une poupée de maïs. Au Pérou, on confectionnait une effigie similaire appelée Pirva. Chez les anciens Grecs, la déesse Terre s'appelait Gaïa. Chez les hindous, elle porte le nom de Prithivi.

**Fête de Dassehra en l'honneur de la déesse-mère, Durga.**

**Le troisième jour de Pongal, les hindous ornent leurs vaches.**

**Dassehra (septembre)**

En Inde, les hindous fêtent Dassehra à la fin de la mousson, la saison des pluies. Chaque soir, on honore sous différentes formes la déesse Durga, qui vainquit le roi des démons, Ravan. Le dernier jour, on fait brûler une effigie de ce démon à dix têtes.

**Offrandes de riz pour Pongal.**

**Pongal (janvier)**

Cette fête hindoue est très populaire en Inde. Le premier jour, on apporte au temple des offrandes de nourriture, d'huile ou d'encens. Le deuxième, des sucreries, des fruits et du riz nouveau. Le troisième et dernier jour, on honore le bétail en le décorant. En Inde, les vaches sont sacrées. Et tout le monde, y compris les bêtes, se régale de *pongal*, un dessert à base de riz.

Pour la fête du Nouveau Goût, les autels sont décorés de fruits.

## Fête du Nouveau Goût
**(23 novembre)**

Au Japon, autrefois, le riz nouvellement récolté ne pouvait être mangé qu'après une fête en l'honneur des esprits du riz. Les paysans chantaient, dansaient et agitaient des éventails. Il y avait un grand banquet. À présent, cette coutume est devenue une fête nationale, sous le nom de fête du Travail. À minuit, l'empereur du Japon dépose les premiers fruits de l'automne devant un autel.

## L'Arbre de Vie

L'Arbre de Vie est représentatif de l'art populaire mexicain. Selon une ancienne croyance, l'esprit des arbres pouvait être capturé au moyen d'écorce et de branches. Les gens fabriquaient des poupées magiques avec de l'écorce, ou peignaient des scènes de récolte sur de l'écorce. Aujourd'hui, les Arbres de Vie sont modelés dans de la glaise, et représentent souvent l'histoire d'Adam et Ève. Ils ornaient jadis les églises ; à présent, on les expose dans les édifices publics.

L'Arbre de Vie est toujours très coloré et élaboré. On voit ici Adam et Ève, vêtus d'une feuille de vigne.

# UN CALENDRIER COMMUN

**Les fêtes religieuses musulmanes ne tombent pas à date fixe, car elles suivent le calendrier lunaire, et non grégorien.**

Le mot calendrier vient du latin *calendarium* (livre de comptes), les *calendes* étant le premier jour du mois. Tous les calendriers sont là pour compter les jours ; les calendriers religieux signalent les jours saints, mais la majorité des gens se réfèrent au calendrier grégorien pour la vie quotidienne. On peut donc dire que c'est un calendrier commun à tous. Et comme chaque pays possède une histoire et une culture particulières, certaines dates comptent plus que d'autres.

## À travers le monde

Pour préparer les fêtes religieuses, les fidèles se réfèrent au calendrier qui leur est propre. Le calendrier juif débute à la Création telle que les juifs la déduisent de la Bible, c'est-à-dire il y a quelque 5000 ans. Les dates sont déterminées par les mouvements du Soleil et de la Lune.
Le calendrier musulman commence en 622, date du départ (hégire) du prophète Mahomet pour Médine ; c'est un calendrier lunaire. Même si nous mesurons le temps de manière différente, nous pouvons partager les réjouissances. La vie moderne est propice au mélange des cultures.

### Janvier

**1 Nouvel An (calendrier grégorien)**
**6 Épiphanie (chrétiens)**
**6 Noël orthodoxe (chrétiens d'Orient)**
**15 Anniversaire de Martin Luther King (É.-U.)**
**15 Seijin-no-hi / Jour des adultes (Japon)**
**15-16 Pongal (hindous)**
**25 Burn's night (Écosse)**
**29 Yom Ha-Shoah (Israël)**

### Janvier / février

**Losar (bouddhistes du Tibet)**
**Tu b'Shevat (Israël)**
**Yuan Tan / Nouvel An chinois**

### Février

**2 Groundhog Day (É.-U.)**
**3 Setsubon / fête des Haricots (Japon)**
**14 Saint-Valentin**

Fêtes mobiles :
**Carnaval (chrétiens)**
**Mardi gras (chrétiens)**
**Fête du Têt (Vietnam)**

### Février / mars

**Argungu / fête de la pêche (Nigeria)**
**Teng Chieh / fête des Lanternes chinoises**

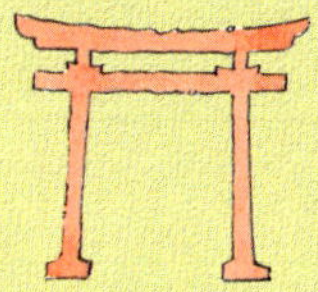

***Tori*, entrée d'un temple japonais.**

### Mars

**1 Saint-David (Pays de Galles)**
**3 Hina Matsuri (Japon)**
**8 Journée Internationale des Femmes**
**13-19 Las Fallas (Valence, Espagne)**
**17 Saint-Patrick (Irlande, É.-U.)**
**19 Saint-Joseph**

Fêtes mobiles :
**Hola Mohalla (sikhs)**
**Holi (hindous)**
**Pourim (juifs)**

### Mars / avril

**Semaine sainte (chrétiens / Guatemala)**
**Pâques (chrétiens)**
**Fête des Mères (R.-U.)**

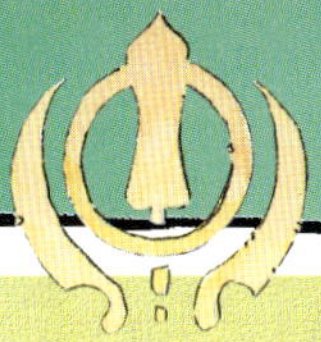

Symbole sikh.

## Avril

1 1er avril
1-8 Fête des Cerisiers en fleur (Japon)
13-14 Baisakhi (sikhs)
13-16 Songkran (Thaïlande)
23 Saint-George (Angleterre)
23 Cocuk Bayrami / Jour des Enfants (Turquie)
25 Anzac Day (Australie et Nouvelle-Zélande)

Fête mobile :
Pessah (juifs)

## Avril / mai

Fête des Mères (É.-U.)
Pâque orthodoxe (chrétiens d'Orient)

## Mai

1 1er mai (Europe du Nord)
1 Fête du Travail
5 Kodomo-no-hi / Fête des Garçons (Japon)

Fêtes mobiles :
Cheung Cha Bun (Hong Kong)
Fête des Mères (France)
Memorial Day (É.-U.)
Ascension (chrétiens)
Pentecôte (chrétiens)

## Mai / juin

Shavouoth (juifs)
Wesak (bouddhistes / Sri Lanka)

## Juin

Fêtes mobiles :
Duan Yang / fête des Bateaux-dragons (Chine)
Fête des Pères (Angleterre, France)

## Juin / juillet

Défilé de Hans Christian Andersen (Danemark)

## Juillet

13-16 Obon / fête familiale du souvenir (Japon)
14 Prise de la Bastille (France)

## Juillet / août

Asalha Perahara (bouddhistes / Sri Lanka)
Palio (Sienne, Italie)

## Août

1 Jour de l'Émancipation africaine (Jamaïque)
15 Assomption

Fêtes mobiles :
Festival artistique d'Édimbourg (Écosse)
Eisteddfod (Pays de Galles)
Carnaval de Notting Hill (Londres, Angleterre)
Raksha bandhan (hindous)

## Août / septembre

Fête des Fantômes Affamés (Chine)
Janamashtami / Anniversaire de Krishna (hindous)

## Septembre

Fêtes mobiles :
Dassehra (hindous)
Oktoberfest (Allemagne)
Rosh Hoshanah (juifs)

## Septembre / octobre

Yom Kippour (juifs)
Soukkoth (juifs)
Trung Thu (Vietnam)

## Octobre

2 Gandhi Jayanti (Inde)
12 Columbus Day (É.-U.)
12 Dia de la Raza (Colombie)
31 Halloween

Citrouille d'Halloween.

## Octobre / novembre

Divali (hindous)
Anniversaire du gourou Nanak (sikhs)

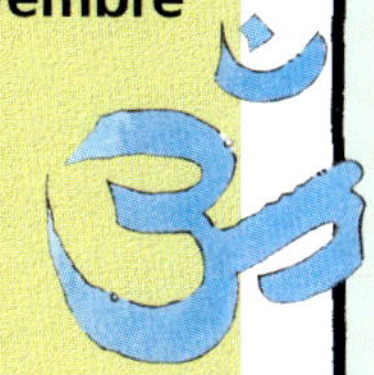

*Aum*, symbole hindou.

## Novembre

1 Toussaint (chrétiens)
1-2 Jour des Morts (Mexique)
2 Fête des Morts (chrétiens)
5 Nuit de Guy Fawkes (R.-U.)
9 Anniversaire de la chute du Mur de Berlin (Allemagne)
15 Shichi-go-san / Sept-Cinq-Trois (Japon)
23 Fête du Nouveau Goût / fête du Travail (Japon)
30 Saint-André (Écosse)

Fêtes mobiles :
Jour d'Action de Grâce (É.-U.)
Jour du Souvenir (R.-U. et Commonwealth)

Guirlande de Noël.

## Décembre

6 Saint-Nicolas (chrétiens)
13 Sainte-Lucie (chrétiens)
24 Veille de Noël (chrétiens)
25 Noël (chrétiens)
26 Boxing Day / Saint-Étienne (chrétiens)
31 Veille du Jour de l'An (calendrier grégorien)
31 Hogmanay (Écosse)

Fête mobile :
Hanoukkah (juifs)

## Décembre / janvier

Kwanzaa (É.-U.)
Anniversaire du gourou Gobind Singh (sikhs)

# FÊTES NATIONALES

**Janvier**
26 Australie
26 Inde
31 Nauru

En Inde, le 26 janvier est jour de fête nationale.

**Février**
4 Sri Lanka
6 Nouvelle-Zélande
7 Grenade
11 Japon
18 Gambie
23 Brunei
23 Guyana (Guyane brit.)

Le 11 février est une fête nationale japonaise.

**Mars**
6 Ghana
12 Île Maurice
21 Namibie
23 Pakistan
25 Grèce
26 Bangladesh
31 Malte

**Avril**
1 Jour de l'Indépendance inuit
18 Zimbabwe
27 Sierra Leone
27 Afrique du Sud
30 Pays-Bas

**Avril / mai**
Israël

Le 14 juillet, nous fêtons la prise de la Bastille.

**Mai**
3 Pologne
5 Hollande
17 Norvège
20 Cameroun

En Israël, nous célébrons notre fête nationale en avril ou mai.

**Juin**
1 Samoa
2 Italie
4 Tonga
5 Danemark
6 Suède
12 Royaume-Uni
12 Russie
18 Seychelles
25 Mozambique

En Suède, la fête nationale tombe le 6 juin.

**Juillet**
1 Canada
4 États-Unis
6 Malawi
7 Îles Salomon
9 Argentine
10 Bahamas
12 Kiribati
14 France
21 Belgique
26 Maldives
30 Vanuatu

Le 4 juillet, les Américains fêtent l'indépendance de leur pays.

**Août**
1 Suisse
6 Jamaïque
6 Bolivie
9 Singapour
17 Indonésie
31 Malaisie
31 Trinité-et-Tobago

**Septembre**
6 Swaziland
7 Brésil
16 Papouasie-Nouvelle-Guinée
16 Mexique
18 Chili
21 Bélize
23 Arabie Saoudite
30 Botswana

En Arabie Saoudite, nous célébrons la création du royaume en septembre.

**Octobre**
1 Chypre
1 Nigeria
1 Tuvalu
1 Chine
4 Lesotho
9 Ouganda
10 Fidji
12 Espagne
24 Zambie
26 Autriche
27 Saint-Vincent et les Grenadines

**Novembre**
1 Antigua et Barbuda
3 la Dominique
10 la Barbade

**Décembre**
6 Finlande
9 Tanzanie
12 Kenya

# SAINTS PATRONS

Le 22 février, je fête ma sainte patronne, Isabelle. Les saints sont trop nombreux pour être tous cités ici, mais en voici quelques-uns.

## Janvier
3 Geneviève
20 Sébastien
28 Thomas d'Aquin

## Février
4 Véronique
5 Agathe
10 Arnaud
14 Valentin
22 Isabelle
25 Roméo

## Mars
9 Françoise
14 Mathilde
17 Patrick
19 Joseph
20 Herbert
22 Léa
31 Benjamin

## Avril
2 Sandrine
23 Georges
25 Marc
29 Catherine

## Mai
3 Jacques
3 Philippe
11 Estelle
12 Achille
14 Matthias
27 Augustin
30 Jeanne

## Juin
1 Justin
2 Blandine
3 Kévin
9 Diane
11 Barnabé
12 Guy
24 Jean Baptiste
29 Paul
29 Pierre

## Juillet
1 Thierry
3 Thomas
4 Florent
11 Benoît
22 Marie-Madeleine
23 Brigitte
24 Christine
25 Christophe
25 Jacques le Majeur
26 Anne
29 Marthe

## Août
10 Laurent
11 Claire
23 Rose de Lima
24 Barthélemy
27 Monique
28 Augustin

## Septembre
1 Gilles
2 Ingrid
3 Grégoire
17 Renaud
18 Nadège
19 Émilie
21 Matthieu
22 Maurice
29 Gabriel
29 Michel
30 Jérôme

## Octobre
4 François d'Assise
6 Bruno
18 Luc
21 Céline
28 Simon
31 Quentin

## Novembre
1 Toussaint
12 Christian
15 Albert
16 Marguerite
17 Élisabeth
20 Edmond
22 Cécile
23 Clément
26 Delphine
30 André

## Décembre
4 Barbara
6 Nicolas
7 Ambroise
11 Daniel
13 Lucie
26 Étienne
27 Jean
29 David

# GLOSSAIRE

**Abraham** : prophète occupant une place importante dans les religions juive et chrétienne, honoré également par les musulmans sous le nom d'Ibrahim.

**Aïd** : mot arabe signifiant « fête ». Ex. : l'Aïd el Fitr.

**Allah** : le Dieu des musulmans.

**Alliance** : pacte conclu entre Dieu (Allah) et Abraham (Ibrahim).

**Amulette** : porte-bonheur.

**Ancêtres** : ceux dont nous descendons, nos aïeux.

**Avent** : période des quatre semaines précédant Noël, où les chrétiens préparent la Nativité.

**Baptême** : cérémonie religieuse marquant l'admission au sein de l'Église chrétienne.

**Baptisme** : doctrine religieuse protestante qui préconise le baptême par immersion complète dans l'eau.

**Bar mitzvah** : initiation religieuse des jeunes garçons juifs, à treize ans.

**Bat mitzvah** : initiation religieuse des jeunes filles juives, à douze ans.

**Berith mila** : cérémonie de la circoncision chez les juifs.

**Carnaval** : période de réjouissances précédant le Carême, en février.

**Cérémonie** : fête solennelle à caractère religieux ou civil.

**Char** : voiture décorée transportant des personnages costumés lors du carnaval.

**Charoset** : mélange de pommes, de noix et d'épices que les juifs dégustent traditionnellement à Pessah.

**Châsse** : reliquaire, boîte contenant des reliques, des restes du corps d'un saint.

**Circoncision** : excision du prépuce pratiquée de façon rituelle chez les juifs et les musulmans.

**Commémoratif** : qui sert à commémorer, à honorer le souvenir d'une personne ou d'un événement.

**Confirmation** : chez les chrétiens, rite confirmant les vœux du baptême.

**Coutume** : habitude, manière d'agir.

**Cycle** : suite de phénomènes se répétant dans le même ordre. Ex. : le cycle lunaire, le cycle des saisons.

**Dot** : biens apportés par une épouse à son mari.

**Durga** : un des noms donnés à la déesse-mère des hindous, Devi.

**Férié** : jour chômé, où l'on ne travaille pas.

**Fétiche** : objet auquel on attribue un pouvoir magique.

**Fiesta** : fête, en espagnol.

**Flottille** : ensemble de petits navires.

**Fonts** : bassin contenant l'eau bénite destinée au baptême.

**Gaïa** : déesse de la Terre dans la mythologie grecque.

**Génération** : ensemble de personnes nées à la même époque.

**Gourou** : maître spirituel chez les hindous et les sikhs.

**Grégorien** (calendrier) : calendrier solaire adopté depuis le XVIe siècle par un grand nombre de pays.

**Henné** : teinture végétale rouge-brun que les femmes indiennes et arabes utilisent pour orner leurs mains et leurs pieds.

**Horoscope** : prédictions concernant l'avenir d'une personne, basées sur la position des étoiles et des planètes au moment de sa naissance.

**Imam** : chef religieux musulman.

**Indépendance** : autonomie, souveraineté d'une nation.

**Indra** : dieu hindou.

**Initiation** : rite d'admission dans un groupe, une communauté.

**Karah parshad** : nourriture sacrée que les sikhs partagent entre eux en signe d'unité.

**Khalsa** : communauté des initiés sikhs, fondée en 1699.

**Kimono** : vêtement japonais long et ample, noué à la taille par une large ceinture.

**Lakshmi** : déesse hindoue de la fortune et de la beauté, épouse de Vishnou.

**Lunaire** (calendrier) : calendrier utilisé par les hindous et les musulmans, fondé sur les mouvements de la lune. Un mois lunaire dure 29,5 jours, le temps que met la Lune pour accomplir sa révolution autour de la Terre.

**Luthérienne** (Église) : église protestante comptant de nombreux fidèles dans les pays scandinaves, en Allemagne et en France.

**Mahomet** : prophète fondateur de l'islam, mort en 632.

**Médiéval** : relatif au Moyen Âge, période s'étendant de la chute de l'Empire romain, au ve siècle, jusqu'à la Renaissance, au xve siècle.

**Novice** : apprenti moine, n'ayant pas encore prononcé ses vœux.

**Olympiques** (Jeux) : compétitions sportives disputées à l'origine dans la ville d'Olympie, en Grèce. Depuis 1896, les Jeux sont devenus des rencontres internationales qui ont lieu tous les quatre ans, dans une ville différente.

**Orthodoxe** : se dit des Églises chrétiennes d'Orient qui n'admettent pas l'autorité de Rome.

**Prophète** : personne se disant porteuse d'un message transmis par Dieu.

**Rabbin** : chef religieux juif.

**Réincarnation** : incarnation dans un nouveau corps, renaissance.

**Résolution** : décision, promesse que l'on se fait à soi-même en début d'année par exemple.

**Rite** : ensemble des gestes pratiqués lors d'une cérémonie religieuse.

**Sacrifice** : offrande d'un animal (ou, dans les temps anciens, d'un être humain) aux divinités.

**Samskara** : l'un des seize sacrements marquant les différentes étapes de la vie chez les hindous.

**Seder** : repas traditionnel de Pessah, la Pâque juive.

**Shofar** : corne de bélier, instrument religieux chez les juifs, dans lequel on souffle à Yom Kippour.

**Symbole** : signe ou objet représentant une notion abstraite.

**Shabbat** : septième jour de la semaine juive, jour de repos commençant le vendredi soir et s'achevant le samedi soir.

**Tilak** : marque tracée sur le front au moyen d'une pâte rouge, symbole de succès chez les hindous.

**Tombe** : fosse où l'on enterre les morts, généralement recouverte d'une dalle.

**Tradition** : coutume, manière d'agir transmise de génération en génération.

**Crédits iconographiques :**
**Hutchinson Photo Library :** pages 7 (Michael Macintyre), 13 (Juliet Highet), 37 b (Jeremy Horner), 57 h (Sarah Murray).
**Christine Osborne Pictures :** pages 11 (C. Boulanger), 12, 20, 33 g, 43, 53 h (B. Hanson), 54 b.
**Impact Photo Library :** pages 15 (Mohamed Ansar), 21 (Tadashi Kajiyama), 28 (Stephen Hird), 29 et 4[e] de couv. (Simon Shepeard), 37 h (Michael Good), 54-55 (Caroline Penn).
**TRIP :** pages 16 (Christopher Rennis), 26 h (M. Feeney), 31 h (H. Rogers), 38 b (K. Cardwell), 41 (Eric Smith), 48-49 (Dinodia), 51 (M. Mclaren), 52 (M. Garrett), 55 b (S. Shapiro).
**Corbis Images :** pages 17 (Bob Krist), 19 (K. M. Westermann), 24 (Lyn Hughes), 25 (Kelley-Mooney Photography), 26 b (Franz-Marc Frei), 31 b (Marc Garanger), 34 (Phil Schermeister), 35 h (Dean Conger), 39 (Robert Maass), 42 (Keren Su), 46 (Adam Wolfitt), 49 b (Owen Franken), 53 b (Ted Spiegal), 56 (Bob Krist).
**Eye Ubiquitous :** pages 30 (Adina Tovy Amsel), 35 b (Gavin Wickham), 45 (John Dakers), 49 d (Hans Nelsäter).
**Camera Press :** pages 44 (Kevin Unger), 57 b (Lourdes Grobet).
**Photo Quest :** page 37 b (Lawrence Migdale / Stock, Boston).
Photographies en studio : Steve Gorton (© Transedition).

# INDEX